法官谈维权系列

刘玉民 总主编

法官谈

怎样保护消费者权益

刘玉民　韦培成　佟春蕾　编著

THE JUDGE TALKS ABOUT RIGHTS PROTECTION SERIES

中国民主法制出版社
全国百佳图书出版单位

图书在版编目（CIP）数据

法官谈怎样保护消费者权益/刘玉民，韦培成，佟春蕾编著．—北京：中国民主法制出版社，2023.3
（法官谈维权系列/刘玉民主编）
ISBN 978－7－5162－3060－2

Ⅰ.①法…　Ⅱ.①刘…　②韦…　③佟…　Ⅲ.①消费者权益保护法—案例—中国　Ⅳ.①D922.294.5

中国国家版本馆 CIP 数据核字（2023）第 002318 号

图书出品人： 刘海涛
责 任 编 辑： 逯卫光　李　郎

书名/ 法官谈怎样保护消费者权益
作者/ 刘玉民　韦培成　佟春蕾　编著

出版 · 发行/ 中国民主法制出版社
地址/ 北京市丰台区右安门外玉林里 7 号（100069）
电话/（010）63055259（总编室）　63058068　63057714（营销中心）
传真/（010）63055259
http：//www.npcpub.com
E-mail： mzfz@npcpub.com
经销/ 新华书店
开本/ 16 开　710 毫米×1000 毫米
印张/ 12.75　**字数/** 183 千字
版本/ 2023 年 6 月第 1 版　2023 年 6 月第 1 次印刷
印刷/ 三河市宏图印务有限公司

书号/ ISBN 978－7－5162－3060－2
定价/ 48.00 元

作者简介

刘玉民　男，北京市密云区人民法院党组书记、院长，二级高级法官，法学博士。曾任北京市高级人民法院组织宣传处处长、办公室主任，北京市西城区人民法院党组副书记、副院长。出版著作100余部，参与省部级课题12个，发表理论文章52篇，获得学术调研奖项33次。

韦培成　男，1982年11月生，法学硕士学位。2009年7月进入北京市密云区人民法院工作，先后在执行部门、商事审判部门工作，现为民事审判二庭负责人、四级高级法官。获评北京市法院办案标兵、先进法官、模范法官、“年底六十天执行会战”先进个人、“模范审判团队”负责人，北京市“人民满意的政法干警”争创奖等荣誉。参与《林业行政执法实用指南》《书记员工作流程》《强制执行实务操作指引》《最高人民法院执行批复理解与适用》等著作的编写，参与最高人民法院“强制执行法草案修订暨强制执行立法问题研究（分则）”项目的调研。

佟春蕾　女，1980 年 6 月生，中共党员，硕士研究生。2006 年 7 月参加工作，先后在政治部、民事审判一庭工作，现任民事审判一庭负责人、四级高级法官。累计审结案件 1000 余件，所办案件无一差错。所撰写案例多次入选《中国法院年度案例》，审理的房屋买卖合同纠纷案件入选 2022 年度最高人民法院公布的 10 起消费者权益保护典型案例。2022 年被评为北京市模范法官，2021 年被评为优秀法官，2017 年荣立个人三等功，曾多次荣获院级优秀共产党员称号。

总序

习近平总书记指出："依法治国是坚持和发展中国特色社会主义的本质要求和重要保障，是实现国家治理体系和治理能力现代化的必然要求。我们要实现经济发展、政治清明、文化昌盛、社会公正、生态良好，必须更好发挥法治引领和规范作用。"党的十八大以来，以习近平同志为核心的党中央从全局和战略高度定位法治、布局法治、厉行法治，领导全党全国人民解决了许多长期想解决而没有解决的法治难题，办成了许多过去想办而没有办成的法治大事，开辟了全面依法治国的新境界，推动法治中国建设取得了历史性的成就，创立了习近平法治思想，实现了马克思主义法治理论中国化时代化的历史性飞跃，为全面依法治国提供了根本遵循和行动指南。党对全面依法治国的领导更加坚强有力，健全了党领导法治建设的工作机制和程序，建立起党政主要负责人履行推进法治建设第一责任人职责制度。宪法得到全面贯彻实施，设立国家宪法日和宪法宣誓制度，宪法制度已转化为治国理政的强大效能。法律规范体系更加完备系统管用，坚持科学立法、民主立法、依法立法，统筹推进"立改废释纂"，修改宪法，编纂民法典，加快重点领域、新兴领域、涉外领域立法，以良法促进了发展、保障了善治。法治政府建设迈上新台阶，颁布和实施了两个五年《法治政府建设实施纲要》，深入推进"放管服"改革，持续深化行政执法体制改革，法治政府建设推进机制基本形成，依法行政制度体系日益健全，严格规范公正文明执法水平普遍提高。司法体制改革取得历史性突破，司法质量、效率和公信力持续提升，人民群众对司法公正的认可度明显提高。法治社会建设取得实质性进展，全社会办事依法、遇事找法、解决问题用法、化解矛盾靠法的法治环境正在逐步形成。涉外法治工作开辟新局面，运用法治手段维护国家主权、安全、发展利益的能力显著提升。依规治党实现历史性跃升，党内法规制度建设推进力度之大前所未有，依规治党取得成效之显著前所未有，为世界政党治理贡献了中国智慧和中国方案。法治工作队伍建设成效卓著，忠于党、忠于国家、忠于人民、忠于法律的队伍逐步建成，法治工作队伍的规模、结构和素质更加优化。

法律是神圣的，但不是神秘的。深入开展全民普法，大力弘扬社会主义法治文化，让法律走出神圣的殿堂，来到人民群众中间，是习近平法治思想的重要内容，也是法律职业者重要而光荣的职责。作为首都基层法院，我们自觉履行“谁执法谁普法”的主体责任，通过庭审直播、新闻发布、“法律十进”、“法院开放日”等形式，线上线下有机结合，积极开展普法宣传。开展庭审网络直播，方便人民群众足不出户“在线学法”；全面推进新闻发布月例会制度，针对热点问题梳理典型案例、总结类案特点、作出法官提示，召开发布会；组织法官送法进机关、进学校、进社区、进企业、进军营等“法律十进”专场，精准开展“定制普法”；在国家宪法日等重要节点举行“法院开放日”活动，邀请社会各界近距离参与司法实践。通过官方微博、微信公众号、今日头条等新媒体平台，发布原创普法漫画、视频、公益广告，借力互联网让法治宣传深入人心。同时，深挖“密、云、法、院”四字内涵，建立“密之语”心理工作室，创办《云之声》院刊，打造“法之谈”培训品牌，树立“院之人”集体群像，努力形成“水云深处”书香密法的浓厚氛围。与中央民族大学、北京航空航天大学、北京农学院等高校密切联系，共同开展实践调查、理论研讨、课题研究，促进法学教育与司法实践良性互动、有机结合，不断提升各项工作水平。

法律的生命在于适用，案例是法律适用的结晶，是活的法律。马克思曾言：“法律是普遍的。应当根据法律来确定的案件是个别的。要把个别的现象归结为普遍的现象就需要判断。法官的责任是当法律运用到个别场合时，根据他对法律的诚挚的理解来解释法律。”可以说，人民法官正是通过公正审理各类案件，向社会解释着法律、传输着正义。每一个司法案例都蕴藏着法官的判断和思考，都体现着法官的经验和智慧。运用司法案例进行普法宣传，既贴近实际、贴近生活、贴近群众，又案法交融、前沿权威、通俗易懂，具有强大的生命力和重要的现实意义。有鉴于此，我院与中国民主法制出版社反复研究论证，策划了这套“法官谈维权系列”丛书。

该套丛书包括未成年人权益保护、公民权益损害赔偿、婚姻家庭与继承权益守护、务工人员权益保护、妇女和儿童权益保护、消费者权益保护和老年人权益守护7册内容，15名优秀法官参与编写，很多案例改编于他们审理的真实案例。丛书内容全面系统，案例新颖精准，体例和谐统一，分析透彻简明，相信必将成为广大学法、用法者的良师益友。在此特别感谢中国民主法制出版社给予的难得机会，为我院持续抓好审判主业、着力提升工作质效、全面培养人才骨干提供了坚实抓手和有益载体，也实现了我院与出版单位全面合作、协同共进的多年愿望。

奉法者强则国强，奉法者弱则国弱。我们将时刻牢记职责使命，以党和国家大局为重，以最广大人民利益为念，坚守法治精神、忠诚敬业、锐意进取、勇于创新，与广大法界同人携手奋进，努力为中国特色社会主义法治国家建设作出更大的贡献。

是为序。

北京市密云区人民法院

党组书记、院长　刘玉民

2022年10月

前言

2022年4月11日，习近平总书记来到三亚国际免税城，实地了解离岛免税政策落地实施等情况，作出“更好发挥消费对经济发展的基础性作用，依托国内超大规模市场优势，营造良好市场环境和法治环境，以诚信经营、优质服务吸引消费者，为建设中国特色自由贸易港作出更大贡献”的重要指示。

随着生产力的发展和高科技的进步，人民的生活水平有了很大的提高，人们的消费能力日益增强，消费方式日渐多样。“更高品质的快乐”成为越来越多人的选择，使得旅游规模也就越来越大，旅游已经成为衡量现代生活水平的重要指标，成了人民幸福生活的刚性需求和常态化的生活方式。新冠肺炎疫情之前，国内旅游业持续高速增长，大众旅游不断向纵深发展，深刻影响和支持国民旅游经济的持续发展。新冠肺炎疫情之后，尽管中国旅游市场面临着各种各样的不确定性，但基本面不会因为疫情而改变，旅游供给存量不会变。

旅游业的快速发展，给人们的旅游活动带来极大方便。然而，与此同时，旅游者的合法权益也受到越来越多的侵害，各种旅游投诉和纠纷不绝于耳，严重影响了旅游业的健康发展。为了给旅游消费者营造一个公平交易、诚实守信的健康消费环境，我国先后制定并修订了若干与旅游相关的法律法规，营造了良好的法治环境，做到了有法可依。然而，对于我们广大消费者来说，怎样运用相关法律法规解决旅游方面的纠纷和维护旅游消费者的合法权益，已成为现代社会的一个重大课题。

本书是“法官谈维权系列”丛书的组成部分，希望通过以案说法、以案释法，将民法典、消费者权益保护法、旅游法、产品质量法等法律法规的基本理论和实践结合起来，以期加深广大读者对法律法规的理解，充分掌握维护自身权益的法律武器。

本书在体例上坚持问题导向，将每一个案例安排为四个部分——“维权要点”“典型案例”“法官讲法”“法条指引”，以设问方式提出问题，以简洁、质朴的语言阐明要点，用时效性、现实性强的典型案例讲述故事，进行深入浅出、细致入微的法律和学理分析，使读者能够多角度地理解有关的法律问题。同时附上法律参考条文，力求做到既普及相关法律知识，提高读者的素养，又深化了对案件的探讨和认识。

本书广泛参考了现有的研究成果与资料，中国民主法制出版社编审逯卫光、北京市密云区人民法院教育培训科负责人杨雪做了大量的协调工作，在此一并表示衷心的感谢。

编　者

2022 年 10 月

目录 CONTENTS

第一章　旅游消费权益保护 / 1

1. 因新冠肺炎疫情影响旅游行程的，该如何处理？ / 1
2. 借用他人名义与旅游者签订旅游服务合同，应就涉诉服务承担什么责任？ / 4
3. 航空公司拒载旅客，应当如何赔偿损失？ / 7
4. 导游擅自改变行程计划，旅行社应当怎样赔偿？ / 10
5. 旅行社擅自取消已确定的旅游行程，应当承担何种责任？ / 12
6. 不按约兑现旅游活动内容，是否承担违约责任？ / 16
7. 经营者私自转让旅游业务，导致旅游者权益受损，是否应当承担违约责任？ / 18
8. 旅游公司擅自减少旅游景点，是否应当承担赔偿责任？ / 21
9. 游客未购票但因交通事故伤亡，能否请求承运人赔偿？ / 24
10. 旅行社构成欺诈，游客应当怎么处理？ / 27

第二章　交通消费权益保护 / 29

1. 旅客旅游途中意外受伤，承运人怎样承担赔偿责任？ / 29
2. 乘客由攀梯爬至上铺时摔下，该怎样赔偿？ / 32
3. 车站未尽告知义务造成乘客漏乘，应怎样承担责任？ / 34
4. 火车晚点致卧铺票作废，车站应否承担赔偿责任？ / 37
5. 公交服务者辱骂并紧急刹车致旅客受伤，应否承担赔偿责任？ / 40
6. 乘客避险跳车受伤，责任应当由谁承担？ / 43
7. 游客因司机减速过快而摔倒，应当如何确定赔偿责任？ / 46
8. 车门断开致游客受伤，公交公司应否承担赔偿责任？ / 48
9. 学生旅游途中被动物咬伤，责任应当如何确定？ / 50

第三章　食宿消费权益保护 / 54
1. 游客随团旅游期间食物中毒，应当如何确定赔偿责任？ / 54
2. 用餐时使用的卡式炉气罐发生爆炸，应当如何确定赔偿责任？ / 56
3. 游客恶意利用客房电话频繁拨打信息咨询台，应当怎样确定赔偿数额？ / 60
4. 旅客在酒店内遭人殴打，酒店应否承担赔偿责任？ / 63
5. 旅客不满意住宿条件，退房后能否要求赔偿？ / 66

第四章　购物消费权益保护 / 69
1. 商店告示“酬宾销售，概不退货”，消费者购物后发现假货能否要求退换？ / 69
2. 消费者抄价格遭致殴打，商家应当承担哪些责任？ / 71
3. 超市对顾客进行搜身，应否承担精神损害赔偿责任？ / 74
4. 商店出售过期食品，应否加倍赔偿？ / 77
5. 新购相机出现故障导致没有曝光，消费者应当如何索赔？ / 80
6. 在火车站购票被要求必须附带购买人身保险，能否要求赔偿？ / 82
7. 购买商品时赠品有假，商家是否应承担赔偿责任？ / 84
8. 报纸实际版面少于标称数量，应否承担赔偿责任？ / 87
9. 消费者合法权益受到侵害，消费者协会应当尽到哪些职责？ / 89
10. 消费者购物离开之后，经营者是否有义务补开发票？ / 94
11. 商品名牌内容与实际不符，销售者应当承担何种责任？ / 95
12. 经营者销售“水货”手机，如何承担赔偿责任？ / 99
13. 已经投保的产品爆炸伤人，生产者应否承担赔偿责任？ / 102
14. 游客为维权而提起诉讼，所花费用能否请求赔偿？ / 105

第五章　消费者权益损害赔偿 / 109
1. 照相馆扣留游客底片，是否侵害了游客的肖像权？ / 109
2. 辅助性旅游企业造成旅游者伤亡，旅行社在承担责任后是否有权向过错方追偿？ / 113
3. 旅客遭受意外伤害，旅行社应否承担赔偿责任？ / 117

4. 未成年人在“儿童开心乐园”受伤，经营者应否承担赔偿责任？ / 121
5. 游泳池管理不善造成严重后果，经营者应否承担赔偿责任？ / 124
6. 娱乐场所设施不安全导致人死亡，应否承担赔偿责任？ / 128
7. 小孩从商场购物车上摔下，商场应否承担赔偿责任？ / 132
8. 经营者承诺保管的财物受损，经营者应否负赔偿责任？ / 137
9. 第三人丢失保管人无偿保管的他人财物，应当由谁承担赔偿责任？ / 141
10. 游客在宾馆丢车，宾馆应否承担赔偿责任？ / 146
11. 游客随身携带的物品遗失，旅行社应否赔偿？ / 151

附　　录 / 154
中华人民共和国民法典（节录） / 154
中华人民共和国消费者权益保护法 / 164
中华人民共和国产品质量法（节录） / 175
中华人民共和国反不正当竞争法（节录） / 178
中华人民共和国铁路法（节录） / 179
中华人民共和国旅游法（节录） / 180
中华人民共和国著作权法（节录） / 181
旅行社条例（节录） / 182
最高人民法院关于审理旅游纠纷案件适用法律若干问题的规定（节录） / 184
最高人民法院关于审理人身损害赔偿案件适用法律若干问题的解释（节录） / 185

参考书目 / 187

第一章　旅游消费权益保护

1. 因新冠肺炎疫情影响旅游行程的，该如何处理？

【维权要点】

因不可抗力或者旅行社、履行辅助人已尽合理注意义务仍不能避免的事件，影响旅游行程的，按照下列情形处理：（1）合同解除的，组团社应当在扣除已向地接社或者履行辅助人支付且不可退还的费用后，将余款退还旅游者；（2）合同变更的，因此增加的费用由旅游者承担，减少的费用退还旅游者。

【典型案例】

2021 年 1 月，田某为旅游者代表与 A 旅游公司签订《团队出境旅游合同》（以下简称《旅游合同》），约定旅游者为田某与刘某，A 旅游公司为旅游者出境游提供服务，旅游费用支付方式为预付全款。因不可抗力或者出境社、履行辅助人已尽合理注意义务仍不能避免的事件，影响旅游行程，合同不能继续履行的，出境社和旅游者均可以解除合同（因已尽合理注意义务仍不能避免的事件提出解除合同的，相关法律、行政法规另有规定的除外）；合同不能完全履行，旅游者不同意变更的，可以解除合同；合同解除的，出境社应当在扣除已向地接社或者履行辅助人支付且不可退还的费用后，将余款退还旅游者。合同签订当日，田某向 A 旅游公司交纳了旅游费用全款。

庭审中，田某、A 旅游公司均确认田某参加报名的旅游团因为当时新冠肺炎疫情已经扩散故未能成行，双方均认可根据国家出台的相关规定不能成行，属于不可抗力。A 旅游公司主张其已经向北京某旅行社支付了签证费、保险费、酒店住宿费以及机票费用。田某对 A 旅游公司所主张的内容不予认可，认为其只是与 A 旅游公司之间有合同关系。

【法官讲法】

依法成立的合同自成立时生效，当事人应当按照约定全面履行自己的义务。田某主张因发生疫情，双方的《旅游合同》无法继续履行，此后，田某、A 旅游公司协商一致解除《旅游合同》，故法院对双方解除《旅游合同》的合意不持异议。本案争议的焦点为，田某要求 A 旅游公司退还旅游费用是否有依据。根据《中华人民共和国旅游法》第 67 条第 2 项的规定，因不可抗力或者旅行社、履行辅助人已尽合理注意义务仍不能避免的事件，影响旅游行程的，按照下列情形处理：（1）合同解除的，组团社应当在扣除已向地接社或者履行辅助人支付且不可退还的费用后，将余款退还旅游者；（2）合同变更的，因此增加的费用由旅游者承担，减少的费用退还旅游者。双方《旅游合同》亦约定，合同解除的，出境社应当在扣除已向地接社或者履行辅助人支付且不可退还的费用后，将余款退还旅游者。故根据上述法律规定及《旅游合同》的约定，双方因不可抗力解除合同的，A 旅游公司应在扣除已支付且不可退还的费用后，将余款退还给田某。本案中，A 旅游公司应当向田某退还相应的旅游费用，但考虑到 A 旅游公司为了履行合同确实付出了一定的成本，且合同解除亦非 A 旅游公司之原因，故可以适当考虑由田某向 A 旅游公司支付一定的费用，即由田某分担一部分不能履行合同造成的损失。

需要说明的是，新冠肺炎疫情的发生对旅游者及旅游经营者均产生一定的影响，在发生争议时，旅游者及旅游经营者应当互谅互让、共渡难关。

【法条指引】

中华人民共和国民法典

第七条　民事主体从事民事活动，应当遵循诚信原则，秉持诚实，恪守承诺。

第五百零九条　当事人应当按照约定全面履行自己的义务。

当事人应当遵循诚信原则，根据合同的性质、目的和交易习惯履行通知、协助、保密等义务。

当事人在履行合同过程中，应当避免浪费资源、污染环境和破坏生态。

第五百六十三条　有下列情形之一的，当事人可以解除合同：

（一）因不可抗力致使不能实现合同目的；

（二）在履行期限届满前，当事人一方明确表示或者以自己的行为表明不履行主要债务；

（三）当事人一方迟延履行主要债务，经催告后在合理期限内仍未履行；

（四）当事人一方迟延履行债务或者有其他违约行为致使不能实现合同目的；

（五）法律规定的其他情形。

以持续履行的债务为内容的不定期合同，当事人可以随时解除合同，但是应当在合理期限之前通知对方。

第五百九十条　当事人一方因不可抗力不能履行合同的，根据不可抗力的影响，部分或者全部免除责任，但是法律另有规定的除外。因不可抗力不能履行合同的，应当及时通知对方，以减轻可能给对方造成的损失，并应当在合理期限内提供证明。

当事人迟延履行后发生不可抗力的，不免除其违约责任。

中华人民共和国旅游法

第六十七条　因不可抗力或者旅行社、履行辅助人已尽合理注意义务仍不能避免的事件，影响旅游行程的，按照下列情形处理：

（一）合同不能继续履行的，旅行社和旅游者均可以解除合同。合同不能完全履行的，旅行社经向旅游者作出说明，可以在合理范围内变更合同；旅游者不同意变更的，可以解除合同。

（二）合同解除的，组团社应当在扣除已向地接社或者履行辅助人支付且不可退还的费用后，将余款退还旅游者；合同变更的，因此增加的费用由旅游者承担，减少的费用退还旅游者。

（三）危及旅游者人身、财产安全的，旅行社应当采取相应的安全措施，因此支出的费用，由旅行社与旅游者分担。

（四）造成旅游者滞留的，旅行社应当采取相应的安置措施。因此增加的食宿费用，由旅游者承担；增加的返程费用，由旅行社与旅游者分担。

2. 借用他人名义与旅游者签订旅游服务合同，应就涉诉服务承担什么责任？

【维权要点】

借用他人名义与旅游者签订旅游服务合同，借名者与被借名者形成了挂靠关系，双方应就涉诉服务承担连带责任。

【典型案例】

黄某、陈某系夫妻关系。2021年6月4日，黄某、陈某通过A公司经营的“去哪儿”网电脑端，预订了“丽江至泸沽湖往返巴士服务【返程7日内有效】”（以下简称涉诉服务），并向A公司支付了服务对价260元。涉诉服务的订单详情显示：该服务的供应商信息为“去哪儿直销”，联系方式为“××××××××”（“去哪儿”网客服电话）；订单详情页首部有“携程”的徽标。另外，该订单使用陈某的“去哪儿”网账户预订，订单列明游客为黄某、陈某，取票人为陈某。

2021年6月6日，黄某、陈某在丽江接受涉诉服务、乘坐“×××”号小型普通客车（以下简称涉诉车辆）旅行时，涉诉车辆的所有人及驾驶员蒋某未注意行车安全，致使涉诉车辆驶离有效路面撞到道路南侧水泥挡墙，造成黄某、陈某受伤。经交警队认定，蒋某对此次事故负全部责任。

庭审中，A公司主张其仅为第三方交易平台，不是涉诉服务的合同主体，无须承担赔偿责任，名为“去哪儿直销”的店铺是由B公司经营的，B公司系预订服务的责任主体。B公司主张其在涉诉服务的订单展示页面的首部及尾部已充分展示了服务提供者为C公司，相关责任应由C公司承担。

【法官讲法】

依法成立的合同受法律保护。本案中，黄某、陈某为共同出游订购旅游服务，并已在订单中列明接受服务的游客为黄某、陈某两人，在无相反证据的情况下，应推定黄某、陈某共同作出意思表示并签订了旅游服务合同。黄某、陈某系使用同一账户、预留一人联系方式下单，但上述做法系便利网上订购的惯常方式，考虑到黄某、陈某的身份关系，上述订购方式尚不构成否定黄某、陈某合同相对方资格的充分证据。

涉诉服务的订单详情页虽可见“携程”徽标及C公司的版权信息，但供应商信息处明确列明“去哪儿直销”，供应商联系方式亦为“去哪儿”网客服电话。按照通常理解，“直销”即生产者不经过中间环节直接把商品卖给消费者之意，结合黄某、陈某将服务对价交付A公司的事实，应认定涉诉服务合同名义上的相对方为A公司。以网上下单方式订立的合同缺乏完整的合同文本，但不宜将辨识合同主体及其背后商业模式的义务强加于普通消费者，即便A公司曾在网页展示B公司的营业执照，其展示方式并非消费者下单时必然可见，且相对于明确的供应商信息，营业执照的展示尚不足以推翻A公司订立合同的外观。A公司与B公司均认可“去哪儿直销”系B公司经营的店铺名称，则涉诉服务的实际提供者为B公司。B公司经A公司允许借用A公司名义签订合同，与A公司形成了挂靠关系，则A公司与B公司应就涉诉服务承担连带责任。

《最高人民法院关于审理旅游纠纷案件适用法律若干问题的规定》第1条第2款、第3款明确规定:“旅游经营者”是指以自己的名义经营旅游业务，向公众提供旅游服务的人。“旅游辅助服务者”是指与旅游经营者存在合同关系，协助旅游经营者履行旅游合同义务，实际提供交通、游览、住宿、餐饮、娱乐等旅游服务的人。本案中与黄某、陈某缔约的系挂靠A公司的B公司，则B公司应依法承担旅游经营者的赔偿责任，B公司与旅游辅助服务者之间的关系应另案处理。即便C公司确为委托人，黄某、陈某选择其受托人（即B公司）作为相对方主张权利亦无不当。B公司提供的服务未能保证旅游者的人身安全，致使黄某、陈某遭受人身伤害，已经构成违约，应就此承担赔偿实际损失的违约责任，A公司的免责声明不能免除其依法承担的连带责任。

【法条指引】

中华人民共和国民法典

第四百六十五条　依法成立的合同，受法律保护。

依法成立的合同，仅对当事人具有法律约束力，但是法律另有规定的除外。

第五百零九条 当事人应当按照约定全面履行自己的义务。

当事人应当遵循诚信原则，根据合同的性质、目的和交易习惯履行通知、协助、保密等义务。

当事人在履行合同过程中，应当避免浪费资源、污染环境和破坏生态。

第五百七十七条 当事人一方不履行合同义务或者履行合同义务不符合约定的，应当承担继续履行、采取补救措施或者赔偿损失等违约责任。

第九百二十六条 受托人以自己的名义与第三人订立合同时，第三人不知道受托人与委托人之间的代理关系的，受托人因第三人的原因对委托人不履行义务，受托人应当向委托人披露第三人，委托人因此可以行使受托人对第三人的权利。但是，第三人与受托人订立合同时如果知道该委托人就不会订立合同的除外。

受托人因委托人的原因对第三人不履行义务，受托人应当向第三人披露委托人，第三人因此可以选择受托人或者委托人作为相对人主张其权利，但是第三人不得变更选定的相对人。

委托人行使受托人对第三人的权利的，第三人可以向委托人主张其对受托人的抗辩。第三人选定委托人作为其相对人的，委托人可以向第三人主张其对受托人的抗辩以及受托人对第三人的抗辩。

最高人民法院关于审理旅游纠纷案件适用法律若干问题的规定

第一条 本规定所称的旅游纠纷，是指旅游者与旅游经营者、旅游辅助服务者之间因旅游发生的合同纠纷或者侵权纠纷。

“旅游经营者”是指以自己的名义经营旅游业务，向公众提供旅游服务的人。

“旅游辅助服务者”是指与旅游经营者存在合同关系，协助旅游经营者履行旅游合同义务，实际提供交通、游览、住宿、餐饮、娱乐等旅游服务的人。

旅游者在自行旅游过程中与旅游景点经营者因旅游发生的纠纷，参照适用本规定。

第七条　旅游经营者、旅游辅助服务者未尽到安全保障义务，造成旅游者人身损害、财产损失，旅游者请求旅游经营者、旅游辅助服务者承担责任的，人民法院应予支持。

因第三人的行为造成旅游者人身损害、财产损失，由第三人承担责任；旅游经营者、旅游辅助服务者未尽安全保障义务，旅游者请求其承担相应补充责任的，人民法院应予支持。

第十六条　因飞机、火车、班轮、城际客运班车等公共客运交通工具延误，导致合同不能按照约定履行，旅游者请求旅游经营者退还未实际发生的费用的，人民法院应予支持。合同另有约定的除外。

3. 航空公司拒载旅客，应当如何赔偿损失？

【维权要点】

承运人应当在约定期间或者合理期间内将旅客、货物安全运输到约定地点。承运人迟延运输的，应当根据旅客的要求安排改乘其他班次或者退票。

【典型案例】

2021 年 8 月 3 日，家住美国的马某来到中国 A 市旅游，到达 A 市前，马某通过美国一家旅行社购买了一张 8 月 21 日上午 10 时 20 分由 A 市中转 B 市返回美国的联程机票，其中，A 市至 B 市的飞机是某航空公司班机。

8 月 19 日上午，马某打电话到所乘飞机的某航空公司经营部，对机票进行了确认。21 日上午 9 时 30 分，马某来到 A 市机场办理登机手续，但机场工作人士称其机票未经确认。结果，马某被拒载。于是马某在 A 市和 B 市共滞留了 5 天，直到 8 月 26 日才飞回美国。马某向 A 市中级人民法院提起诉讼，要求某航空公司赔偿经济损失：（1）直接损失：长途电话费、停留 A 市的住宿费、交通费、更改机票费；（2）间接损失：由于滞留 A 市而不能及时返家，其妻不得不请人照顾孩子而支付的保姆费、一天的误工工资；（3）精神损失费 5000 美元。某航空公司对马某被拒载的事实无异议，但认为拒载是因为 A 市机场地勤值班人员的过失造成的，而机场值班人员又非该公司的工作人员。此外，该公司与 A 市方面签有《地面服务代理协议》，按协议规定，责任应该由 A 市机场承担。

【法官讲法】

本案所涉及的法律问题有以下两点值得探讨。

1. 因机场协调失误造成拒载旅客，承运人能否免责

我国民法典第811条规定，承运人应当在约定期限或者合理期限内将旅客、货物安全运输到约定地点。第820条规定，承运人应当按照有效客票记载的时间、班次和座位号运输旅客。承运人迟延运输或者有其他不能正常运输情形的，应当及时告知和提醒旅客，采取必要的安置措施，并根据旅客的要求安排改乘其他班次或者退票；由此造成旅客损失的，承运人应当承担赔偿责任，但是不可归责于承运人的除外。可见，按合同约定运输旅客是承运人的基本义务。但是，本案中，旅客却因机场的协调失误被拒载，对此，承运人能否免责呢？回答是否定的。理由是：（1）根据民法典第815条的规定，旅客应当按照有效客票记载的时间、班次和座位号乘坐。旅客无票乘坐、超程乘坐、越级乘坐或者持不符合减价条件的优惠客票乘坐的，应当补交票款，承运人可以按照规定加收票款；旅客不支付票款的，承运人可以拒绝运输。但是，本案中，马某持有有效客票，不存在被拒载的理由。（2）根据民法典第590条第1款的规定，当事人一方因不可抗力不能履行合同的，根据不可抗力的影响，部分或者全部免除责任。但是，本案拒载旅客的原因并不是不可抗力，而是因为机场的协调失误，所以，承运人不能免责。（3）某航空公司与A市机场签订《地面服务代理协议》，不是免责事由。所谓免责事由是指法律规定的免除或限制违约行为人本应承担的民事责任的事由。本案中马某与某航空公司之间签订的是旅客运输合同，与某航空公司和A市机场签订的《地面服务代理协议》是分别独立的，二者不是一个法律关系，《地面服务代理协议》不是运输合同的组成部分，因此，对马某没有约束力。

2. 拒载旅客的责任

民法典规定的航空运输合同承运人的违约责任是迟延运输的违约责任和造成旅客伤亡的损害赔偿责任，对拒载旅客或造成旅客漏乘的违约责任形式并未作出规定。正因为如此，按照我国民用航空旅客、行李国内运输规则的规定，对于因承运人原因造成旅客漏乘的，承运人应尽早安排旅客乘坐后续航班；如旅客要求退票，应退回全部票款，且不收取退票费。该

规则未规定赔偿损失和支付违约金问题。对这一法律问题，要通过民法典第583条关于违约责任的一般条款来解决。根据该条规定，当事人一方不履行合同义务或者履行合同义务不符合约定的，在履行义务或者采取补救措施后，对方还有其他损失的，应当赔偿损失。因此，在这一点上，法院可以判决某航空公司赔偿马某的损失。但是，法院是否应当同时判决某航空公司支付违约金值得商榷。第一，违约金有约定违约金与法定违约金之分，关于航空旅客运输中承运人违约并没有法定违约金的规定，而马某、某航空公司之间又没有违约金条款，在这种条件下，法院若擅自为当事人订立“违约金条款”必然不妥当；第二，违约金与损害赔偿能否同时并用？我们知道，违约金是指当事人约定的或法律直接规定的，在一方违约后向对方支付一定数额的货币或代表一定价值的财物。一般认为，违约金在性质上可以分为赔偿性违约金与惩罚性违约金。如强调违约金的补偿性，则非违约方取得预定的损害赔偿方式，而作为赔偿性的违约金，有推定损失发生的效力，因而如果没有损失发生或者可以适用损益相抵原则，而违约方又非故意违约的，可以免除违约责任。而如果强调违约金的惩罚性、制裁性，则马某可在获得违约金后，另行要求赔偿损失，若获得此种违约金后又乘坐的，应当补交票款。

对于马某提出的精神损害赔偿问题，不符合有关法律法规的规定，因此法院不应予以支持。

【法条指引】

中华人民共和国民法典

第五百八十三条 当事人一方不履行合同义务或者履行合同义务不符合约定的，在履行义务或者采取补救措施后，对方还有其他损失的，应当赔偿损失。

第五百九十条 当事人一方因不可抗力不能履行合同的，根据不可抗力的影响，部分或者全部免除责任，但是法律另有规定的除外。因不可抗力不能履行合同的，应当及时通知对方，以减轻可能给对方造成的损失，并应当在合理期限内提供证明。

当事人迟延履行后发生不可抗力的，不免除其违约责任。

第八百一十一条 承运人应当在约定期限或者合理期限内将旅客、货物安全运输到约定地点。

第八百一十五条 旅客应当按照有效客票记载的时间、班次和座位号乘坐。旅客无票乘坐、超程乘坐、越级乘坐或者持不符合减价条件的优惠客票乘坐的，应当补交票款，承运人可以按照规定加收票款；旅客不支付票款的，承运人可以拒绝运输。

实名制客运合同的旅客丢失客票的，可以请求承运人挂失补办，承运人不得再次收取票款和其他不合理费用。

第八百二十条 承运人应当按照有效客票记载的时间、班次和座位号运输旅客。承运人迟延运输或者有其他不能正常运输情形的，应当及时告知和提醒旅客，采取必要的安置措施，并根据旅客的要求安排改乘其他班次或者退票；由此造成旅客损失的，承运人应当承担赔偿责任，但是不可归责于承运人的除外。

4. 导游擅自改变行程计划，旅行社应当怎样赔偿？

【维权要点】

合同签订后，双方当事人应当本着诚实信用的原则，严格按照合同的规定，全面履行合同约定的义务，正当行使自己的权利，当事人不能轻易违反约定，擅自变更旅游合同。否则，违约方应承担违约责任。

【典型案例】

某旅行社组织20多人去北京旅游。按照行程计划，到达北京的第二天游长城，但导游未与旅游者协商，擅自将游长城的行程改为第三天。就在第二天晚上，一场突如其来的大雪使旅游车无法去长城，游长城计划被迫取消。游客返回后，要求旅行社按照规定双倍赔偿长城门票，而旅行社只愿意原价退还长城门票，拒绝赔偿。于是此案发生争执。

【法官讲法】

导游擅自改变行程计划，导致旅游者因下雪而无法游长城。在本案中，违约与取消行程之间是否存在因果关系，旅行社是否应承担赔偿责任？这是解决本案的关键。

我国民法典第180条第2款规定：不可抗力是指“不能预见、不能避免且不能克服的客观情况”。从表面上看，游长城计划被取消的直接原因的确是由于不期而至的大雪，属于不可抗力。但实际情况是，只要导游按照原先计划履行合同，不擅自改变行程，完全可以在大雪到来前完成游长城的计划，避免这起纠纷。游长城计划的被迫取消，是导游违反规定人为造成的，违约与取消行程之间存在着因果关系，旅行社对此应承担赔偿责任。

假设另外两种情况：(1) 如果旅游合同中游长城的计划本来就安排在第三天，旅游计划的取消毫无疑问属于不可抗力，旅行社只需要退还景点门票即可，不需要承担赔偿责任。(2) 如果在旅游过程中，为了旅游行程更为合理、方便，经过导游与游客协商，导游变更行程的行为得到全体游客的同意，将原定第二天和第三天的项目调换，同样发生上述景点被迫取消的情况，旅行社也只需要退还景点门票，不需要承担赔偿责任。因为在这种情况下，导游、旅行社和游客对原合同内容的履行顺序作出了协议变更，形成了新的合约关系，旅行社按照新的合约履行义务受法律保护。当然，旅行社应承担举证责任，如果没有有力证据证明改变行程得到了游客的同意，旅行社仍然应当按照违约责任对游客进行赔偿。

另外，从法律角度看，旅行社的声明缺乏依据。(1) 根据民法典的规定，合同签订后，双方当事人应当本着诚实信用的原则，严格按照合同的约定，全面履行合同约定的义务，正当行使自己的权利，当事人不能轻易违反约定，擅自变更旅游合同。具体而言，旅行社与游客签订旅游合同时，已经收取了游客的团款，尤其是散客，旅行社肯定全额收取了团款，也就是说，旅行社已经行使了收取团款的权利，游客也已履行了支付团款的义务。按照权利义务对等的原则，在履行旅游合同时，旅行社只要履行义务提供约定的服务，游客就可以享受权利即接受旅行社的服务。根据民法典的规定，有效合同签订后对签约各方都具有约束力，任何一方无正当理由不履行、不完全履行或不恰当履行合同的条款，就构成违约行为，对方就有权要求违约方支付违约金或赔偿损失。(2) 根据合同自愿原则，合同双方当事人可以就合同的签订、履行、变更、解除等内容自愿达成协议，这样达成的协议应当受到保护和尊重。在履行旅游合同的过程中，旅行社和游客有权就双方的权利义务协商一致，在此基础上进行变更。旅游合同变更的关键是应当符合程序，充分尊重双方当事人，任何一方擅自变更就是违约，就要承担相应的违约责任。因此，旅行社调整游览顺序，尽管没有减少旅游景点，仍然视为对旅游合同的变更。合同变更是指在合同有效成立后，合同当事人不变，仅改变合同的权利义务。(3) 在一些旅行社的实际操作中，经常会发生旅游项目顺序调整的现象，很少发生游客投诉的情况，游客对此似乎也没有很多怨言。客观地说，旅行社仅仅是对游览景点的先后次序进行了调整，并没有更改景点，一般情况下对旅游服务质量不会产生很大影响，很难说旅行社这样做就侵犯了游客的合法权益，给游客造成了经济损失。但它毕竟使合同的计划履行与实际履行产生了时间上的变化，是对旅游合同的变更。但就本案而言，导游的擅自变更导致游客无法游览长城，造成了游客的损失，所以旅行社应当承担赔偿责任。

【法条指引】

中华人民共和国民法典

第五百零九条　当事人应当按照约定全面履行自己的义务。

当事人应当遵循诚信原则，根据合同的性质、目的和交易习惯履行通知、协助、保密等义务。

当事人在履行合同过程中，应当避免浪费资源、污染环境和破坏生态。

第五百七十七条　当事人一方不履行合同义务或者履行合同义务不符合约定的，应当承担继续履行、采取补救措施或者赔偿损失等违约责任。

第五百九十条　当事人一方因不可抗力不能履行合同的，根据不可抗力的影响，部分或者全部免除责任，但是法律另有规定的除外。因不可抗力不能履行合同的，应当及时通知对方，以减轻可能给对方造成的损失，并应当在合理期限内提供证明。

当事人迟延履行后发生不可抗力的，不免除其违约责任。

5. 旅行社擅自取消已确定的旅游行程，应当承担何种责任？

【维权要点】

旅行社违反旅游合同的约定，造成旅游者合法权益受到损害的，应当采取必要的补救措施，根据法律规定承担赔偿责任。

【典型案例】

2021 年 1 月 16 日，李某向某旅行社订购同年 4 月 30 日前往普陀山四日游的旅游票 17 张，共付旅游费 6053 元。旅行社收款后开具发票并约定于 4 月 27 日取旅游票。届时李某两次前往旅行社取票，但旅行社称无船票可供，要李某另想办法购买，随即退给李某人民币 500 元。李某因未买到船票于 4 月 29 日、30 日再次与旅行社联系。旅行社告之因船票无法买到，普陀山旅游予以取消。5 月 18 日，旅行社派人前往李某处退还全部旅游费（扣除先前付给李某的 500 元），并就赔偿李某损失问题与李某达成如下协议：（1）旅行社承诺于同年 7 月中旬至 8 月中旬免费提供一辆大客车为李某提供金山游乐场一日游；（2）为李某赞助汽油 20 升；（3）提前一周通知李某旅游行期；（4）若旅行社再次违约则按普陀山旅游费计赔违约金。

8 月 1 日上午，旅行社突然通知李某次日去金山游乐场旅游。若次日不去，以后的行期则由旅行社安排。李某当即表示时间仓促，无法前往。而后，李某要求旅行社履约，旅行社却认为其已经履约，双方为此发生纠纷。在多次协商未果的情况下，李某于 2021 年 9 月 5 日向法院起诉。

【法官讲法】

本案争论的焦点是李某向旅行社订购前往普陀山的旅游票，但旅游合同到期时旅行社却无票可供，后李某与旅行社达成新的协议，在新的协议下就旅行社是否违约问题而发生争执。

“合同是当事人之间的法锁”，这是一种形象的表达。在客观上，合同经有效成立，即是合同生效，合同生效是指合同所产生的法律上的约束力。这种约束力主要是对合同双方当事人而言的。合同生效后，当事人双方就应该严格按照合同规定履行义务，当旅游合同双方当事人协商一致，旅游合同遂告成立，对双方均具有法律约束力，禁止当事人在没有任何法定或约定根据的情况下，任意解除合同。合同对当事人的约束力表现在：合同当事人根据法律和合同的规定所产生的权利受到法律的保护，当事人根据合同所产生的义务具有法律的强制性，如果当事人违反合同义务则应当承担违约责任。

目前，国内旅行社经营管理水平参差不齐，旅行社与游客签订合同后由于安排不妥而擅自取消旅游的事件多有发生。在处理这类纠纷时须明确以下三个法律问题：(1) 合同应当全面、适当履行。合同有效成立后，当事人应按照合同规定的标的及其质量、数量，由适当的主体在适当的履行期限、履行地点，以适当的履行方式，全面完成合同义务。(2) 合同的变更应符合一定条件。一是经双方协商一致变更。依合同自由原则，当事人之间依自主真实意思修改合同内容，只要不违背法律和公序良俗原则，即应予以尊重。二是在特殊情形下，当事人可依法定的可以变更的情形如不可抗力、情势变更，要求变更合同。如不符合上述条件，一方擅自改变合同内容，即构成违反合同需要承担相应的民事责任。(3) 合同一方当事人应为自己的过错承担责任。在旅游合同中，很多情况下旅游业经营者的违约都是由于其与旅游线路上的交通部门、旅店、景点的业务接洽不妥造成的，所以在这类纠纷中，旅行社等往往辩称不是由于自己过错，而是由于第三人的行为而拒绝承担责任。依民法理论，合同一方当事人对属于自己一方的第三人的行为承担责任。

在本案中，旅行社卖给李某旅游票并开具发票，表明旅游合同已经成立，合同有效。双方应严格按合同约定履行义务。而旅行社却未按合同之约定为李某购得船票，旅行社要求李某自行购票并退船票款，李某表示接受，应视为合同双方改变了合同内容，此后应按变更后的合同履行义务。后由于买不到船票退还全部旅游费并与李某达成新的协议，合同又一次进行了变更。但旅行社仍未按变更后的合同履行义务，实际上，旅行社自始至终根本未履行合同，应依法律规定及合同约定承担违约责任。

承担违约责任的形式有：继续履行，支付违约金，支付赔偿金和其他补救措施。(1) 继续履行是指在一方违反合同时，另一方有权要求不履行合同的当事人继续按照合同规定履行义务。继续履行是为实现合同目的而设计的一种违约责任承担方式。在履行金钱债务违约时，当事人可以要求违约方支付价款或报酬；在履行非金钱债务违约时，当事人可以要求违约方履行。继续履行有一定的条件限制：首先，必须是合同继续有效存在，即未被解除及变更，并且受害方当事人要求继续履行。如果合同被解除，则应承担赔偿损失等责任，而不能要求继续履行。其次，必须在法律上和事实上可以履行且债务标的适于强制履行且履行费用不过高，债权人在合理期限内要求继续履行。(2) 支付赔偿金是对发生实际损害的赔偿，包括因违约行为给对方当事人造成的财产上的直接损失和一定的可得利益损失。赔偿金责任是为了弥补对方当事人因违约行为而受到的实际损失，不允许超过实际损失。(3) 违约金是指合同当事人一方违反合同而依法律规定或合同约定的数额支付给受害方的金钱。违约金责任不同于赔偿金责任，它具有惩罚性，不以有损害事实为前提，且除法律有明确规定外，必须有双方明确约定才能适用。同时，违约金责任亦具有补偿性，在支付违约金和赔偿金的责任运用的关系上，依法律规定，当约定的违约金低于造成的损失的，当事人可以请求人民法院或者仲裁机构予以增加；约定的违约金过分高于造成的损失的，当事人可以请求人民法院或者仲裁机构予以适当减少。

在本案中，旅行社根本未履行合同义务，而李某诉请执行的是最后一次与旅行社所签协议的最后一项："若旅行社再次违约则按普陀山旅游费计赔违约金。"即李某并未要求继续履行，在诉讼中，李某未提赔偿损失的要求，而是请求法院判令旅行社赔付违约金。法院依法判令旅行社向李某支付违约金及案件受理费（属于赔偿金）是正确的。

【法条指引】

中华人民共和国民法典

第五百零九条　当事人应当按照约定全面履行自己的义务。

当事人应当遵循诚信原则，根据合同的性质、目的和交易习惯履行通知、协助、保密等义务。

当事人在履行合同过程中，应当避免浪费资源、污染环境和破坏生态。

第五百一十条　合同生效后，当事人就质量、价款或者报酬、履行地点等内容没有约定或者约定不明确的，可以协议补充；不能达成补充协议的，按照合同相关条款或者交易习惯确定。

旅行社条例

第三十三条　旅行社及其委派的导游人员和领队人员不得有下列

行为：

（一）拒绝履行旅游合同约定的义务；

（二）非因不可抗力改变旅游合同安排的行程；

（三）欺骗、胁迫旅游者购物或者参加需要另行付费的游览项目。

第三十五条 旅行社违反旅游合同约定，造成旅游者合法权益受到损害的，应当采取必要的补救措施，并及时报告旅游行政管理部门。

6. 不按约兑现旅游活动内容，是否承担违约责任？

【维权要点】

当事人应当按照合同规定的旅游合同主体、旅游线路及景点、时间和方法等履行合同。部分履行或不正确履行合同义务给旅游者造成损害的，不履行合同一方要承担违约责任。

【典型案例】

2021 年 9 月 2 日，上海某厂四车间 39 名职工赴北京旅游，向上海某旅行社订购北京 8 日旅游票 39 张，旅行社收取人民币 499200 元，并开具发票。行前，双方口头约定：（1）旅途往返乘高铁，抵京后专车接到住宿地；（2）安排 4 天在京游览专用车；（3）在京游览 19 个风景点。同年 9 月 28 日，上海某旅行社派业务代表陈某，导游凌某、朱某陪同上海某厂四车间 39 名职工乘坐上海至北京普通列车赴京旅游，次日抵达后，上海某旅行社未派车来火车站接，迫使上海某厂四车间 39 名职工自乘地铁步行至住宿地。同年 10 月 1 日至 3 日游览中，因上海某旅行社未作周密合理安排，致使上海某厂四车间 39 名职工候车达 4 小时之久，未能按原定计划游览中山公园和军事博物馆。上海某旅行社数次违约，引起上海某厂四车间 39 名职工的极大不满，为顾全大局，上海某厂四车间 39 名职工代表于 2021 年 10 月 3 日与上海某旅行社方业务代表陈某协商，达成退款协议约定：上海某旅行社退给上海某厂四车间 39 名职工旅游团人民币 109200 元。同年 10 月 5 日，上海某厂四车间 39 名职工乘坐北京至上海高铁列车返沪。事后，上海某旅行社法定代表人张某对退款协议不予追认，并申明退款协议无效，因此产生纠纷。双方多次磋商违约金数额未能达成一致意见，上海某厂四车间 39 名职工旅游团于 2021 年 10 月 27 日向上海市某法院提起诉讼。

【法官讲法】

旅游合同是旅游者和旅行社、旅馆、旅游交通运输部门以及其他旅游活动涉及的部门之间达成的、规定双方权利义务关系的协议。旅游合同一经订立，必须按照合同所规定的标的如实履行，而不得任意变更合同标的。旅游合同的对象通常是指自然风貌、社会风貌和名胜古迹等。人们进行游览即是通过对这些特定对象的观赏获得精神满足。如旅游合同不能实际履行，旅游者无法获得这种精神满足，旅游合同的目的便不能实现。另外，旅游合同必须适当履行，旅游合同的履行是旅游合同具有法律约束力的首要表现，是指旅游合同双方当事人，依法完成合同规定的义务和实现各自的权利。合同的订立是前提，合同的履行是关键。当事人应当按照合同规定的旅游合同主体、旅游线路及景点、时间和方法等执行合同。

目前的旅游合同纠纷中，除因旅游业经营者组织安排不妥而擅自取消旅游外，还大量存在旅游业经营者服务“缩水”现象，即只履行了合同义务的一部分或履行了义务但服务质量不符合合同规定。这种部分不履行或不正确履行给对方旅游者造成损害（包括物质上的和精神上的），不履行合同方要承担违约责任。

在本案中，双方虽未有书面合同具体约定旅游活动中相关服务，但上海某厂四车间 39 名职工旅游团持有上海某旅行社开具了发票的旅游票，因双方对其口头约定无争议，且口头约定也是法律允许采用的合同形式，应承认其效力。依此口头约定，旅游者旅途往返应乘高铁列车，而上海某旅行社却安排其乘普通列车从上海至北京；约定抵京后上海某旅行社出专车接上海某厂四车间 39 名职工至住宿地，却未派专车来接，致使游客乘地铁步行到住宿地；约定在京游览 19 个风景点，而实际上却少游了 2 个风景点。上海某旅行社在以上三点违反了合同约定，影响了上海某厂四车间 39 名职工观光游览，使其订约目的并未完全达到，旅游者的合法权益受到了损害。“有损害就应有赔偿”，且上海某旅行社不存在任何免责情形，主观上亦有过错，故上海某旅行社未履行的部分的价款应返还给上海某厂四车间 39 名职工旅游团。另外，上海某旅行社应向上海某厂四车间 39 名职工旅游团支付惩罚性违约金。惩罚性违约金又称固有意义上的违约金，是指对债务人的过错违约行为实行惩罚，以确保合同债务得以履行的违约金。

在本案中，还涉及一个民法上的职务代理问题。依民法理论和我国的法律规定，法人对其工作人员的职务行为承担民事责任，本案中上海某旅行社方业务代表与上海某厂四车间39名职工旅游团方所签退款协议应属职务代理行为，属有效代理，无须上海某旅行社法定代表人的追认，上海某旅行社应对其工作人员的该行为承担民事责任，即退款协议合法有效，上海某旅行社应执行该协议，向上海某厂四车间39名职工旅游团退款。

【法条指引】

旅行社条例

第四条 旅行社在经营活动中应当遵循自愿、平等、公平、诚信的原则，提高服务质量，维护旅游者的合法权益。

第三十三条 旅行社及其委派的导游人员和领队人员不得有下列行为：

（一）拒绝履行旅游合同约定的义务；

（二）非因不可抗力改变旅游合同安排的行程；

（三）欺骗、胁迫旅游者购物或者参加需要另行付费的游览项目。

第三十五条 旅行社违反旅游合同约定，造成旅游者合法权益受到损害的，应当采取必要的补救措施，并及时报告旅游行政管理部门。

7. 经营者私自转让旅游业务，导致旅游者权益受损，是否应当承担违约责任？

【维权要点】

一般情况下，旅游者与旅行社等旅游经营者签订旅游合同后，旅行社不得将旅游业务转让给其他旅行社。如果在旅游合同履行期间旅游者遭受意外伤害、财产损失，或者出现转包旅行社服务质量差等问题，应由原来的旅行社承担合同责任。

【典型案例】

镇江某公司职员李先生，与南京某旅行社一直有业务往来，他请该旅行社的汤女士安排他一家四人春节期间去海南旅游，汤女士告之该旅行社春节期间没有去海南的团队。根据李先生的意见，汤女士又联系了另外一家旅行社，说明行程及报价情况，经李先生本人同意后，汤女士帮李先生一家订了往返机票，按李先生的要求，制订了接待计划，写明了由海南某旅行社接待，参加2021年2月13日至2月19日的海南环岛旅游，南京某旅行社收取4人旅游费共计23880元。但海南某旅行社接此业务后，瞒着南京某旅行社和李先生一家，将此业务转让给另外一家旅行社。那家旅行社导游服务质量低，不按计划线路游览，伙食差。在万泉河畔餐馆用餐时，因粉条中混有碎骨头，致使李先生的妻子咬断两颗假牙。

李先生回镇江后认为这次旅游价高质次，上当受骗，从2月22日起先后多次给南京某旅行社总经理打电话，要求赔偿：（1）依省内旅行社"海南6日游"平均报价为标准双倍返还超额部分；（2）因安排不当，许多主要景点未游，退还所有交款总数；（3）适当赔偿因此所造成的时间和精神损失及电话费。总经理同意赔偿，因双方未能就赔偿数额达成一致，李先生于3月6日投诉到省消协。

【法官讲法】

旅游作为一项服务性行业，与其他服务一样，旅游经营者应向旅游消费者提供按质按量和安全的服务保障。旅游服务实际若与合同约定内容不符、服务缩水，则严重侵害旅游消费者的合法权益，同时对于我国旅游业的健康发展也是一种损害。

旅游合同是指平等主体的旅游者、旅游企业法人、其他旅游组织之间设立、变更、中止旅游民事关系的协议。旅游合同的作用是保护当事人的合法权益，规范旅游经营服务行为，促进旅游业健康发展。一般情况下，旅游者与旅行社等旅游经营者签订旅游合同后，无论是否从中牟利，旅行社不得将旅游业务转让给其他旅行社，因为旅游消费者选择旅行社，大都相信该旅行社业已建立的信誉，即消费者在这里有一种信赖利益。如果旅行社将旅游业务转让给别的旅行社，那个旅行社的服务质量如何消费者无从了解，这就使旅游者的权益处于一定的危险之中，所以未经旅游者同意，旅行社不得转让旅游业务。

但是，旅游业有其本身难以克服的弱点，即交通、签证等环节不是旅行社本身所能控制的，如果情形发生变化，旅游者又坚持其旅游的想法，旅行社可以在征得旅游者同意后联系其他旅行社，由其他旅行社安排旅游者的行程，但这时原来的旅行社与旅游者签订的合同仍然存在，只是原合同义务由旅行社选定的自己一方的第三人——其他旅行社代替自己履行。同时，原来的旅行社有义务选定有合格资质的旅行社，以保证其与旅游者合同中约定的服务水准。如旅游者在旅游合同履行期间遭受意外伤害、财产损失，或者出现转包旅行社服务质量差等问题，应由原来的旅行社承担合同责任。至于其他旅行社未按原来的旅行社要求的质量提供服务，则应依他们之间的协议来解决，原来的旅行社不得以其他旅行社的原因拒绝向旅游者承担责任。

在本案中，南京某旅行社的汤女士应李先生之请为其联系了海南某旅行社，汤女士与李先生商议后制订了接待计划，可见南京某旅行社与李先生签订了旅游合同，南京某旅行社应按合同约定组织李先生一家进行海南环岛游，具体接待工作由海南某旅行社安排，即海南某旅行社作为南京某旅行社一方的第三人，代南京某旅行社履行合同义务。然而，海南某旅行社违反与南京某旅行社的约定，在后者事先根本不知道的情况下，将此旅游业务转让给另外的旅行社。结果因导游服务质量低、不按计划线路游览、伙食差，损害了旅游者利益。李先生有权利向南京某旅行社要求赔偿损失，关于具体的赔偿数额，则应依南京某旅行社违约给李先生所造成的实际损失确定，具体而言主要是退还未按约定旅游的景点的费用以及部分导游服务费、伙食费等，另外，还应赔偿李先生之妻因假牙受损所造成的损失。

【法条指引】

中华人民共和国民法典

第五百四十五条 债权人可以将债权的全部或者部分转让给第三人，但是有下列情形之一的除外：

（一）根据债权性质不得转让；

（二）按照当事人约定不得转让；

（三）依照法律规定不得转让。

当事人约定非金钱债权不得转让的，不得对抗善意第三人。当事人约定金钱债权不得转让的，不得对抗第三人。

第五百四十六条　债权人转让债权，未通知债务人的，该转让对债务人不发生效力。

债权转让的通知不得撤销，但是经受让人同意的除外。

第五百五十一条　债务人将债务的全部或者部分转移给第三人的，应当经债权人同意。

债务人或者第三人可以催告债权人在合理期限内予以同意，债权人未作表示的，视为不同意。

旅行社条例

第四条　旅行社在经营活动中应当遵循自愿、平等、公平、诚信的原则，提高服务质量，维护旅游者的合法权益。

第二十四条　旅行社向旅游者提供的旅游服务信息必须真实可靠，不得作虚假宣传。

第三十二条　旅行社聘用导游人员、领队人员应当依法签订劳动合同，并向其支付不低于当地最低工资标准的报酬。

第三十三条　旅行社及其委派的导游人员和领队人员不得有下列行为：

（一）拒绝履行旅游合同约定的义务；

（二）非因不可抗力改变旅游合同安排的行程；

（三）欺骗、胁迫旅游者购物或者参加需要另行付费的游览项目。

第三十五条　旅行社违反旅游合同约定，造成旅游者合法权益受到损害的，应当采取必要的补救措施，并及时报告旅游行政管理部门。

8. 旅游公司擅自减少旅游景点，是否应当承担赔偿责任？

【维权要点】

经营者和消费者有约定的，应当按照约定履行义务。经营者向消费者提供商品或者服务，应当恪守社会公德，诚信经营，保障消费者的合法权益。

【典型案例】

2021 年 4 月，某市某旅游公司在一旅游刊物上刊登了南岳衡山四日游的广告，称此旅游参观的景点主要有 8 个：南岳大庙、磨镜台、福严寺、忠烈祠、藏经殿、南天门、祝融峰、回雁峰。同月，王某等 9 人利用休假期间，各自交付旅游服务费人民币 1860 元，参加了某旅游公司组织的南岳衡山四日游旅游团，于同月 23 日乘火车从某市出发赴衡山，于 24 日凌晨四时许到达衡山银苑宾馆。到达后，某旅游公司的导游李某（无导游证书）将王某等 9 人男女混合安排在该宾馆休息。在 24 日、25 日的游览活动中，某旅游公司只安排了王某 9 人游览了南岳大庙、福严寺、忠烈祠 3 个景点，其余 5 个景点未做游览安排，且未在游览出发前告诉王某等 9 人。旅游团游览活动结束后，某旅游公司的导游未随团返回原市，由 9 人自行返回。于是，此 9 人认为某旅游公司违反了旅游合同，造成其经济、精神损失，于是向某旅游公司要求赔偿并赔礼道歉。但某旅游公司只赔礼道歉，不同意其所要求的赔偿数额。据此，王某等 9 人以上述理由起诉到某法院，要求某旅游公司无偿重新安排游览未游览的 5 个旅游景点，否则，应退还其全程旅游费；某旅游公司应登报向王某等 9 人赔礼道歉，并赔偿精神损失费共 9000 元，赔偿重游 5 个景点的误工费共 9000 元。

【法官讲法】

本案的焦点是某旅游公司是否违约，在某旅游公司没有按照旅游计划完成游览景点时，应当怎样向王某等 9 人赔偿损失。

首先，本案当事人之间的法律关系，可从两方面来看：一方面，某旅游公司是旅游消费服务的经营者，即为消费者提供旅游合同的路线、景点、食宿等方面的服务。王某等 9 人是接受服务的消费者，因此，双方之间是消费与服务的法律关系，应受《中华人民共和国消费者权益保护法》调整。另一方面，本案当事人之间，某旅游公司刊登旅游广告和在刊物中具体说明旅游景点安排等，即为合同之要约；王某等 9 人交款购买某旅游公司发售的旅游票，即为合同之承诺；旅游票经售出即告成立，双方即应按照约定履行义务。因此，在本案中，某旅游公司与王某等 9 人之间成立有偿的旅游合同关系。

其次，某旅游公司应承担违约责任。本案某旅游公司组织的是南岳衡山四日游，并在旅游刊物上称，此旅游参观的景点主要有 8 个。但是，某旅游公司在未告知消费者的情况下实际上只安排了 3 个旅游景点，其减少的服务，即应相应减收服务费用，同时某旅游公司安排的导游没有导游证，在导游安排上也不符合要求，影响服务质量，导致王某等9人未能依合同享受到应有的服务，应减低收费标准，承担赔偿责任。

最后，王某等9人的其他诉讼请求应否支持？第一，关于赔礼道歉的诉讼请求。由于某旅游公司在事后已经进行了赔礼道歉，因此承担了赔礼道歉的民事责任。第二，关于误工费的诉讼要求。王某等9人是利用春节假期参加某旅游公司组织的旅游团，本身不存在误工的问题，重新安排旅游景点不予支持，也就不存在重新游览的误工损失问题。因而，王某等9人的误工费赔偿要求不成立。第三，关于精神损害赔偿的诉讼请求。在本案的这种情况下，虽然旅游公司的违约给王某等造成了精神上的不愉快，但并不构成民法典上所指的精神损害，所以王某等9人在这方面的诉讼请求不能获得支持。

【法条指引】

中华人民共和国民法典

第五百七十七条　当事人一方不履行合同义务或者履行合同义务不符合约定的，应当承担继续履行、采取补救措施或者赔偿损失等违约责任。

第五百八十三条　当事人一方不履行合同义务或者履行合同义务不符合约定的，在履行义务或者采取补救措施后，对方还有其他损失的，应当赔偿损失。

第五百八十四条　当事人一方不履行合同义务或者履行合同义务不符合约定，造成对方损失的，损失赔偿额应当相当于因违约所造成的损失，包括合同履行后可以获得的利益；但是，不得超过违约一方订立合同时预见到或者应当预见到的因违约可能造成的损失。

中华人民共和国消费者权益保护法

第十六条　经营者向消费者提供商品或者服务，应当依照本法和其他有关法律、法规的规定履行义务。

经营者和消费者有约定的，应当按照约定履行义务，但双方的约定不得违背法律、法规的规定。

经营者向消费者提供商品或者服务，应当恪守社会公德，诚信经营，保障消费者的合法权益；不得设定不公平、不合理的交易条件，不得强制交易。

9. 游客未购票但因交通事故伤亡，能否请求承运人赔偿？

【维权要点】

依法成立的合同，自成立时生效。客运合同自承运人向旅客交付客票时成立。承运人应当对运输过程中旅客的伤亡承担损害赔偿责任。

【典型案例】

2021 年 5 月 5 日，上海某电脑公司采购员王某到南京旅游，由于节假日车票紧张，王某未能买到票。最后，几经周折，王某终于登上了一班由上海开往南京的豪华汽车。上车后，司机始终未要求王某买票，王某也未主动拿钱买票。当汽车行驶到离目的地只有 3 公里时，汽车与高速公路的路牌相撞，致使包括王某在内的 12 名乘客受了不同程度的伤害。后经交通主管部门查明：此起交通事故系司机疲劳驾车所致。于是，汽车公司对在该起事故中受伤的 11 位乘客作了相应的赔偿。但对于王某的赔偿请求，汽车公司以王某无表明合同生效的车票为由，拒绝赔偿。而王某的诉讼代理人认为：司机允许王某上车这一行为即表明客运合同的生效，根据“法律保护有效合同”这一原则，汽车公司应对合同存续期间发生的旅客伤亡承担无过错责任，所以，王某的赔偿请求应得到法院的支持。

【法官讲法】

本案争论的焦点在于王某与汽车公司之间的客运合同是否生效。这一问题，应从两方面入手。

其一，客运合同成立时间在民法典中的有关规定。民法典第 814 条已明确规定：客运合同自承运人向旅客出具客票时成立，但是当事人另有约定或者另有交易习惯的除外。因此，在一般情况下，旅客提出购票要求为要约，承运人交付客票即为承诺，客运合同自此时成立。但在实际生活中，由于实际情况多变，客运合同成立的时间并非一成不变。比如：在采用取票制预订场合，预订行为为要约邀请，旅客取票为要约，承运人交付客票为承诺，合同自交付客票时成立；在采用送票制预订场合，旅客预订客票为要约邀请，承运人送票为要约，旅客签收为承诺，合同自签收时成立。对于“先上车后购票”的场合，旅客登车为要约，承运人准予上车为承诺，合同自旅客登车时成立。以上罗列的合同成立时间可以说是长期以来在客运合同中所形成的交易习惯。根据民法典第 814 条的规定，这些交易习惯都可作为认定合同成立的依据。本案所涉及的客运合同恰恰是属于“先上车后购票”的情况，王某的上车行为即为要约，承运人准予其上车即构成有效承诺，本客运合同自此成立。

其二，客运合同生效时间在民法典中的有关规定。民法典第 502 条规定，依法成立的合同，自成立时生效，但是法律另有规定或者当事人另有约定的除外。依照法律、行政法规的规定，合同应当办理批准等手续的，依照其规定。未办理批准等手续影响合同生效的，不影响合同中履行报批等义务条款以及相关条款的效力。应当办理申请批准等手续的当事人未履行义务的，对方可以请求其承担违反该义务的责任。依照法律、行政法规的规定，合同的变更、转让、解除等情形应当办理批准等手续的，适用前款规定。在这里，“但书”部分涉及合同的审批问题，对于特定的合同，有关机关的审批是当事人的民事行为成立的要件，未经审批的合同因缺少要件而为无效合同，不受法律保护。民法典之所以对合同成立和合同生效加以区分，这是基于两者在目的、效力、作用等方面的诸多不同：(1) 合同成立是说明当事人就某一事项达成意思一致，并自愿受其约束；合同生效是指国家承认合同所确立的当事人之间的权利义务关系，合同具有法律约束力。(2) 合同成立后，当事人不得随意撤回其要约或承诺，否则将依据“诚实信用原则”，承担“缔约过失责任”，它是一种法定责任，具体表现为赔偿损失；合同生效后，当事人必须按照合同的约定正确、全面地履行约定，否则将承担违约责任，表现为赔偿损失、支付违约金等。(3) 合同成立制度保护了当事人意思自治的结果，合同生效制度则是用法律保障合同的实现。就客运合同来说，一般是以承运人向旅客交付客票的时间为合同成立时间，而以旅客登车检票作为合同生效时间。

本案中，旅客是得到承运人的同意上车的，他与承运人之间已达成意思一致，上车补票只是将这种合意变为书面形式而已。在这种情况下，旅客上车就使得合同双方当事人特定化，承运人开始行程就表明履约的开始。此时，若还认定合同只是成立而未生效，那就意味着旅客、承运人还可以随意变更或解除合同，这对双方当事人都是不利的。基于以上分析，本案中的客票只是客运合同的书面化形式而非法律行为构成要件，它的有无并不影响当事人之间法律行为的有效成立，而王某没有购买客票也不影响其依据民法典第823条的规定要求获得赔偿。所以，我们认为，本案中的客运合同是成立并且生效的，对于王某的赔偿请求，法院应予以支持。本案还涉及客运合同的另一个主要问题，即客运人对旅客伤亡的损害赔偿责任。根据民法典第823的规定，在认定承运人的损害赔偿责任时，适用的是“无过错责任”原则。即除有法律规定的免责事由外，承运人均应负赔偿责任，而不问其主观是否有过错。这一规定是考虑到承运人的安全运送义务与其营运性质而要求其承担加重义务。“责任的加重”使得承运人在运输过程中更有安全意识，从而间接保障了旅客的人身安全。

【法条指引】

中华人民共和国民法典

第五百零二条　依法成立的合同，自成立时生效，但是法律另有规定或者当事人另有约定的除外。

依照法律、行政法规的规定，合同应当办理批准等手续的，依照其规定。未办理批准等手续影响合同生效的，不影响合同中履行报批等义务条款以及相关条款的效力。应当办理申请批准等手续的当事人未履行义务的，对方可以请求其承担违反该义务的责任。

依照法律、行政法规的规定，合同的变更、转让、解除等情形应当办理批准等手续的，适用前款规定。

第八百一十四条　客运合同自承运人向旅客出具客票时成立，但是当事人另有约定或者另有交易习惯的除外。

第八百二十三条　承运人应当对运输过程中旅客的伤亡承担赔偿责任；但是，伤亡是旅客自身健康原因造成的或者承运人证明伤亡是旅客故意、重大过失造成的除外。

前款规定适用于按照规定免票、持优待票或者经承运人许可搭乘的无票旅客。

第一千二百零四条　因运输者、仓储者等第三人的过错使产品存在缺陷，造成他人损害的，产品的生产者、销售者赔偿后，有权向第三人追偿。

10. 旅行社构成欺诈，游客应当怎么处理？

【维权要点】

合同签订应建立在双方真实意思表示的基础上。如果合同一方有故意告知对方虚假情况或者故意隐瞒真实情况而诱使合同另一方作出错误意思表示的欺诈行为时，受欺诈的一方可以提出撤销合同的要求。

【典型案例】

2021 年 7 月 15 日，李某与旅行社签订了赴某市旅行的协议书，并交纳了旅游费用 1200 元。协议书中未写明用车标准。签订时李某特别询问是否乘空调车，得到了工作人员的肯定回答。当年 7 月 18 日，李某按旅行社的要求到某火车站集合，坐火车前往该市目的地。李某上车后发现车内热浪逼人，令人难以忍受。询问列车员后得知该次列车并非空调车，李某感到旅行社欺骗了他，找导游询问，未得到明确答复。一怒之下，李某就下车找旅行社质问，于是李某与旅行社负责人发生争执。当年 8 月，李某以旅行社擅自变更乘车标准为理由提起诉讼，要求撤销旅游合同并退还所交纳的 1200 元旅游费用。

【法官讲法】

本案的焦点是事先约定乘坐空调车而车上无空调，旅行社是否违反了旅游合同而构成欺诈。

民法典第 148 条规定："一方以欺诈手段，使对方在违背真实意思的情况下实施的民事法律行为，受欺诈方有权请求人民法院或者仲裁机构予以撤销。"也就是说，合同签订应建立在双方真实意思表示的基础上。如果合同一方有故意告知对方虚假情况或者故意隐瞒真实情况，而诱使合同另一方作出错误意思表示的欺诈行为时，受欺诈的一方可以提出撤销合同的要求。在本案中，旅行社组团旅行，事前对乘车条件应是清楚的。即使是火车站临时换车，旅行社在拿票时也应知道乘车标准。尽管李某与旅行社签订的旅游合同中没有写明乘车标准，但李某特别询问是否乘空调车时，旅行社给予了肯定答复。也就是说，双方达成了乘空调车的一致意见，李某也因此而签订了旅游合同。旅行社为使李某签订合同而隐瞒不是空调车的真实情况的行为已构成了合同法上的欺诈，因此应当承担败诉的法律后果。

近年来，随团旅游的方便与省事吸引着越来越多的人选择此种出游方式。但随团旅游也存在着许多潜在的问题，游客一不小心就会陷入纠纷之中。为充分保障自己的合法权益，减少不必要的纠纷和问题，建议旅客随团旅游时注意如下几点：一是旅行社的选择。尽量选择声誉较好、规模较大、出游有保证的正规旅行社。因为这些旅行社具备完善的管理制度、丰富的组团旅游经验以及良好的信誉，可以避免很多不必要的纠纷。二是出游前务必与旅行社签订旅游合同。签订合同要采用书面协议形式，避免纠纷发生时处于“口说无凭”的不利地位；除关注旅游景点、时间、住宿条件、餐饮标准、购物次数等内容之外，还要注意用车标准及档次等细节内容。三是旅行合同签订后，游客一定要仔细阅读有关内容，对于合同中不明白、不清楚的地方一定要向旅行社询问。如果发现合同存有遗漏之处，应尽快同旅行社协商，采取措施予以补救。四是旅行途中，游客遇有不符合合同约定时，应及时同旅行社联系，问清事情缘由。如不能很好地解决问题，游客可以向有关部门投诉，或者通过诉讼途径予以解决。

【法条指引】

中华人民共和国民法典

第一百四十八条　一方以欺诈手段，使对方在违背真实意思的情况下实施的民事法律行为，受欺诈方有权请求人民法院或者仲裁机构予以撤销。

第二章　交通消费权益保护

1. 旅客旅游途中意外受伤，承运人怎样承担赔偿责任？

【维权要点】

承运人应当对运输过程中旅客的伤亡承担赔偿责任；但是，伤亡是旅客自身健康原因造成的或者承运人证明伤亡是旅客故意、重大过失造成的除外。上述规定适用于按照规定免票、持优待票或者经承运人许可搭乘的无票旅客。

【典型案例】

2021 年 9 月 6 日，刘某乘坐 A 次列车从兰考上车前往天津。在车辆行驶过程中，刘某在车厢过道站立时，从刘某上方掉落一瓶矿泉水砸在刘某的右脚上。9 月 7 日车辆到达天津后，中铁北京局工作人员呼叫救护车将刘某送至天津市第四中心医院检查。经医院检查，刘某右脚损伤，未见明显骨折。9 月 10 日刘某再次到天津市第四中心医院检查，显示右脚软组织挫伤。医院给刘某开具两份诊断证明，建议休息 10 日。刘某支付救护车费用、医疗费 700 余元。根据当事人的陈述及铁路公安询问笔录、就医证明等证据，可以证明刘某在乘车过程中人身受到损害的事实，刘某另主张误工费、营养费。

【法官讲法】

本案涉及的核心问题有两个：一是旅客意外受伤时承运人的责任问题，二是旅客意外受伤承运人的赔偿范围问题。

1. 关于旅客意外受伤时承运人的责任问题

本案中，刘某购买了从兰考站到天津站的 A 次列车车票，其与承运人中铁北京局之间形成了旅客运输合同关系，双方订立的合同合法有效，中铁北京局对刘某负有安全运输义务。根据《中华人民共和国民法典》第823条第1款的规定，承运人应当对运输过程中旅客的伤亡承担赔偿责任；但是，伤亡是旅客自身健康原因造成的或者承运人证明伤亡是旅客故意、重大过失造成的除外。本案中，中铁北京局虽否认上述事实的发生，但未能提交证据证明刘某的人身损害系在乘车前造成，亦未提交证据证明刘某在此次事故中受到的人身损害系其自身健康原因造成的或者其故意、重大过失造成的，故中铁北京局应当对刘某的受伤承担赔偿责任。

2. 关于旅客意外受伤承运人的赔偿范围问题

《最高人民法院关于审理人身损害赔偿案件适用法律若干问题的解释》第1条第1款规定："因生命、身体、健康遭受侵害，赔偿权利人起诉请求赔偿义务人赔偿物质损害和精神损害的，人民法院应予受理。"刘某因健康权遭受侵害，可以以赔偿权利人的身份要求赔偿义务人中铁北京局赔偿物质损害和精神损害。物质损害范围有：医疗费、误工费、护理费、交通费、住院伙食补助费、营养费、残疾赔偿金、残疾辅助器具费等。精神损害抚慰金适用《最高人民法院关于确定民事侵权精神损害赔偿责任若干问题的解释》予以确定。该案最终判决：中铁北京局于本判决生效后10日内赔偿刘某医疗费、误工费、营养费共计2300余元。

【法条指引】

中华人民共和国民法典

第八百二十三条 承运人应当对运输过程中旅客的伤亡承担赔偿责任；但是，伤亡是旅客自身健康原因造成的或者承运人证明伤亡是旅客故意、重大过失造成的除外。

前款规定适用于按照规定免票、持优待票或者经承运人许可搭乘的无票旅客。

最高人民法院关于审理人身损害赔偿案件适用法律若干问题的解释

第一条第一款 因生命、身体、健康遭受侵害，赔偿权利人起诉请求赔偿义务人赔偿物质损害和精神损害的，人民法院应予受理。

第六条　医疗费根据医疗机构出具的医药费、住院费等收款凭证，结合病历和诊断证明等相关证据确定。赔偿义务人对治疗的必要性和合理性有异议的，应当承担相应的举证责任。

医疗费的赔偿数额，按照一审法庭辩论终结前实际发生的数额确定。器官功能恢复训练所必要的康复费、适当的整容费以及其他后续治疗费，赔偿权利人可以待实际发生后另行起诉。但根据医疗证明或者鉴定结论确定必然发生的费用，可以与已经发生的医疗费一并予以赔偿。

第七条　误工费根据受害人的误工时间和收入状况确定。

误工时间根据受害人接受治疗的医疗机构出具的证明确定。受害人因伤致残持续误工的，误工时间可以计算至定残日前一天。

受害人有固定收入的，误工费按照实际减少的收入计算。受害人无固定收入的，按照其最近三年的平均收入计算；受害人不能举证证明其最近三年的平均收入状况的，可以参照受诉法院所在地相同或者相近行业上一年度职工的平均工资计算。

第八条　护理费根据护理人员的收入状况和护理人数、护理期限确定。

护理人员有收入的，参照误工费的规定计算；护理人员没有收入或者雇佣护工的，参照当地护工从事同等级别护理的劳务报酬标准计算。护理人员原则上为一人，但医疗机构或者鉴定机构有明确意见的，可以参照确定护理人员人数。

护理期限应计算至受害人恢复生活自理能力时止。受害人因残疾不能恢复生活自理能力的，可以根据其年龄、健康状况等因素确定合理的护理期限，但最长不超过二十年。

受害人定残后的护理，应当根据其护理依赖程度并结合配制残疾辅助器具的情况确定护理级别。

第九条　交通费根据受害人及其必要的陪护人员因就医或者转院治疗实际发生的费用计算。交通费应当以正式票据为凭；有关凭据应当与就医地点、时间、人数、次数相符合。

第十条　住院伙食补助费可以参照当地国家机关一般工作人员的出差伙食补助标准予以确定。

受害人确有必要到外地治疗，因客观原因不能住院，受害人本人及其陪护人员实际发生的住宿费和伙食费，其合理部分应予赔偿。

第十一条 营养费根据受害人伤残情况参照医疗机构的意见确定。

第十二条 残疾赔偿金根据受害人丧失劳动能力程度或者伤残等级，按照受诉法院所在地上一年度城镇居民人均可支配收入标准，自定残之日起按二十年计算。但六十周岁以上的，年龄每增加一岁减少一年；七十五周岁以上的，按五年计算。

受害人因伤致残但实际收入没有减少，或者伤残等级较轻但造成职业妨害严重影响其劳动就业的，可以对残疾赔偿金作相应调整。

第十三条 残疾辅助器具费按照普通适用器具的合理费用标准计算。伤情有特殊需要的，可以参照辅助器具配制机构的意见确定相应的合理费用标准。

辅助器具的更换周期和赔偿期限参照配制机构的意见确定。

第二十三条 精神损害抚慰金适用《最高人民法院关于确定民事侵权精神损害赔偿责任若干问题的解释》予以确定。

2. 乘客由攀梯爬至上铺时摔下，该怎样赔偿？

【维权要点】

承运人应当对运输过程中旅客的伤亡承担赔偿责任；但是，伤亡是旅客自身健康原因造成的或者承运人证明伤亡是旅客故意、重大过失造成的除外。上述规定适用于按照规定免票、持优待票或者经承运人许可搭乘的无票旅客。

【典型案例】

2020 年 1 月 10 日，杨某持“北京—临沂”新空调硬卧上铺车票乘坐 A 次列车，在聊城站开车后约 4 时 36 分，杨某自上铺下来上厕所，4 时 39 分返回，在经由攀梯爬至上铺时摔下；随后其他乘客呼叫乘务员，乘务员前往查看后广播寻找医生，车厢内一名医生进行了检查，后杨某在菏泽站被 120 接走至菏泽市中医医院住院治疗。

杨某于上述医院住院治疗，2020 年 1 月 20 日出院，被诊断为胸部外伤、右侧多发肋骨骨折、右侧胸腔积液、T10 – T12 右侧横突骨折、腰部外伤、L1 – L2右侧横突骨折，出院医嘱为建议继续住院治疗，若不适则门诊复诊。

经杨某申请，法院委托某交通事故司法鉴定所对其伤残等级、赔偿系数、误工期、护理期、营养期进行鉴定，该机构出具司法鉴定意见书，鉴定意见显示：杨某致残程度为十级，致残率10%；误工期150日、护理期60日、营养期60日。杨某交纳鉴定费4350元。

该案中，杨某依据铁路旅客运输合同主张己方诉请，诉请内容为要求铁路济南局公司支付医疗费、交通费、误工费、保姆看护孩童费用、护理费、营养费、住院伙食补助费、鉴定费、一次性伤残赔偿金、精神抚慰金等。杨某主张，铁路济南局公司存在违约行为，事发时车速过快，车厢晃动；主张被告作为铁路承运人，应在铁路运输期间将旅客安全送达约定地点，但杨某在此过程中受伤。铁路济南局公司则不予认可，主张事故系杨某在爬铺梯过程中因个人重大过失未抓紧扶牢导致跌落摔伤，杨某作为完全民事行为能力人未尽到注意义务存在重大过错，公司作为承运人尽到了安全警示义务和及时救助义务，不应承担责任。铁路济南局公司提交了事发时车厢内监控视频，视频中车辆无明显摇晃、突然加速或减速情况，上铺高2米左右，地灯开启，攀梯上张贴有安全提示，火车时速80公里/小时左右。铁路济南局公司另主张乘务员按照规定进行了例行巡视。

【法官讲法】

根据《最高人民法院关于适用〈中华人民共和国民法典〉时间效力的若干规定》第1条的规定，民法典施行后的法律事实引起的民事纠纷案件，适用民法典的规定。民法典施行前的法律事实引起的民事纠纷案件，适用当时的法律、司法解释的规定，但是法律、司法解释另有规定的除外。民法典施行前的法律事实持续至民法典施行后，该法律事实引起的民事纠纷案件，适用民法典的规定，但是法律、司法解释另有规定的除外。本案中，因案涉事故引发的赔偿事实，持续至民法典施行后，故适用民法典的规定。

杨某购票乘坐铁路济南局公司运营的列车，双方之间成立了铁路旅客运输合同关系，杨某在乘车过程中受伤，现依据合同关系主张己方诉求。民法典第823条第1款规定，承运人应当对运输过程中旅客的伤亡承担赔偿责任，但伤亡是旅客自身健康原因造成的或者承运人证明伤亡是旅客故意、重大过失造成的除外。本案中杨某的受伤，非因其自身健康原因导致。就是否系其故意、重大过失导致，承运人应当承担举证责任。经过举证质证，杨某主张事发时车速过快，车厢有晃动，此主张与铁路济南局公司提交的视频内容不符。就杨某是否存在重大过失，须考虑行为人在当时情境下从一般理性人出发是否尽到了谨慎注意义务。事发时正值凌晨4点多，杨某如厕回车厢后攀爬梯子时自梯子上摔下导致受伤，根据视频显示，杨某上述摔伤并非因外力导致，主要系因其自身未尽到谨慎的注意义务而致，就自身受伤，杨某存在重大过失。另事发后铁路济南局公司对杨某之伤采取了一定的措施。综上，杨某诉请铁路济南局公司赔偿其损失，于法无据，法院不予支持，判决驳回杨某全部诉讼请求。

【法条指引】

中华人民共和国民法典

第八百二十三条　承运人应当对运输过程中旅客的伤亡承担赔偿责任；但是，伤亡是旅客自身健康原因造成的或者承运人证明伤亡是旅客故意、重大过失造成的除外。

前款规定适用于按照规定免票、持优待票或者经承运人许可搭乘的无票旅客。

最高人民法院关于适用《中华人民共和国民法典》时间效力的若干规定

第一条　民法典施行后的法律事实引起的民事纠纷案件，适用民法典的规定。

民法典施行前的法律事实引起的民事纠纷案件，适用当时的法律、司法解释的规定，但是法律、司法解释另有规定的除外。

民法典施行前的法律事实持续至民法典施行后，该法律事实引起的民事纠纷案件，适用民法典的规定，但是法律、司法解释另有规定的除外。

3. 车站未尽告知义务造成乘客漏乘，应怎样承担责任？

【维权要点】

客运服务，也是服务消费中的一种。消费者乘坐公共汽车，有权享受安全、及时的运送服务。对承运人违约造成的损失，消费者有权获得赔偿。

【典型案例】

5 月 1 日，王某等 3 人到某车站购买了 3 张返回某县的长途汽车票。车票未注明开车时间，只写明长途汽车班次为 4187。王某询问售票员开车时间，售票员让其去查看悬挂于候车大厅的开车时间表。时间表上写明开车时间为下午 3 点。王某等 3 人于下午 2 点 40 分到列车站候车。下午 3 点，乘客被告知，该班长途汽车在从某县开来的路上可能出了毛病。因 4187 次系该车到达后再开，因此买 4187 次车票的乘客需要等候，但具体何时能够发车无法预料。王某等 3 人在候车室等到 4 点 30 分。该班长途车仍未到达，车站人员也说不准具体时间。王某等 3 人便到长途车站附近的一个小馆吃饭，4 点 50 分，王某等 3 人吃完饭回到候车室，得知 4187 次班车已于 5 分钟前发出。王某等 3 人向站方交涉，站方答复当天已无其他车到该县，并表示漏乘系王某等 3 人自己的过失，但鉴于站方也有一定过失，可以退票但要收取退票手续费。王某等 3 人无奈，又不能耽误次日上班，遂搭乘一出租汽车于当天返回该县，用去出租汽车费 180 元。事后，王某等 3 人越想心里越有气，便向人民法院提起诉讼，要求长途汽车站赔偿损失。

【法官讲法】

本案是交通运输服务中产生的消费纠纷。王某等 3 人与长途汽车站之间存在客运合同关系。所谓客运合同即旅客运输合同，是指当事人双方约定承运人将旅客及其行李安全运送到目的地，旅客为此支付运费的合同。根据民法典第 811 条至 813 条的规定，客运合同中，承运人（本案中的长途汽车站）的主要义务是：(1) 在约定期间或者合理期间内将旅客安全运输到约定地点；(2) 按照约定的或者通常的运输路线将旅客、货物运输到约定地点。旅客的主要义务是支付票款。同时，根据民法典第 814 条的规定：客运合同自承运人向旅客出具客票时成立，但是当事人另有约定或者另有交易习惯的除外。因此，自王某等 3 人购买车票时起，客运合同即告成立，长途汽车车站即负有将王某等 3 人及时、安全送达某县的义务。

民法典第 820 条规定："承运人应当按照有效客票记载的时间、班次和座位号运输旅客。承运人迟延运输或者有其他不能正常运输情形的，应当及时告知和提醒旅客，采取必要的安置措施，并根据旅客的要求安排改乘其他班次或者退票；由此造成旅客损失的，承运人应当承担赔偿责任，但是不可归责于承运人的除外。”据此规定，本案中汽车晚点后，王某等3人即有权解除合同（退票），无须支付退票费；至于合同解除的条件，因解除有法定解除与约定解除之分，故有法定解除的条件与约定解除的条件之别。一般法定解除有以下条件：（1）因不可抗力造成合同不能达到目的；（2）迟延履行；（3）拒绝履行；（4）不完全履行；（5）债务人的过错造成合同不能履行。显然本案中车站已经违约，所以王某等3人可以要求改乘。车站方要求其支付退票费是毫无道理的。

本案中王某等3人既未退票也未改乘其他班次客车，而是选择了继续等待。由于3人到附近饭馆吃饭的短短20分钟里，4187次班车到达并开走（中间停留了10分钟），导致王某等3人漏乘。对这一漏乘，究竟过错在谁？首先，民法典第819条规定：“承运人应当严格履行安全运输义务，及时告知旅客安全运输应当注意的事项。旅客对承运人为安全运输所作的合理安排应当积极协助和配合。”而本案中长途汽车站却无法准确告知班车到站的时间，已违反了其合同义务。何况王某等3人在班车晚点一个多小时且无准确到达时间的情况下，到饭馆花20分钟吃饭，也是合情合理的，总之，乘客方对漏乘不负任何责任。本案车站方违约在先，然后又未尽告知义务，最终导致王某等3人漏乘。站方对此是有重大过错的，应承担全部责任。

那么，王某等3人要求车站方赔偿其出租车费用是否合理呢？民法典第577条规定：“当事人一方不履行合同义务或者履行合同义务不符合约定的，应当承担继续履行、采取补救措施或者赔偿损失等违约责任。”第584条规定：“当事人一方不履行合同义务或者履行合同义务不符合约定，造成对方损失的，损失赔偿额应当相当于因违约所造成的损失，包括合同履行后可以获得的利益；但是，不得超过违约一方订立合同时预见到或者应当预见到的因违约可能造成的损失。”本案中，因站方原因，班车晚点并最终导致乘客漏乘，此时乘客急于赶回某县，站方应采取补救措施即改换其他班次。然而本案中没有其他到该县的班车可以改乘，所以唯一的补救措施就是坐出租车返回此县。虽然出租车费远高于班车车票，但这一损失是违约方完全可以预料到的，所以应由车站承担。

【法条指引】

中华人民共和国民法典

第五百七十七条　当事人一方不履行合同义务或者履行合同义务不符合约定的，应当承担继续履行、采取补救措施或者赔偿损失等违约责任。

第五百八十四条　当事人一方不履行合同义务或者履行合同义务不符合约定，造成对方损失的，损失赔偿额应当相当于因违约所造成的损失，包括合同履行后可以获得的利益；但是，不得超过违约一方订立合同时预见到或者应当预见到的因违约可能造成的损失。

第八百一十一条　承运人应当在约定期限或者合理期限内将旅客、货物安全运输到约定地点。

第八百一十二条　承运人应当按照约定的或者通常的运输路线将旅客、货物运输到约定地点。

第八百一十三条　旅客、托运人或者收货人应当支付票款或者运输费用。承运人未按照约定路线或者通常路线运输增加票款或者运输费用的，旅客、托运人或者收货人可以拒绝支付增加部分的票款或者运输费用。

第八百一十四条　客运合同自承运人向旅客出具客票时成立，但是当事人另有约定或者另有交易习惯的除外。

第八百一十九条　承运人应当严格履行安全运输义务，及时告知旅客安全运输应当注意的事项。旅客对承运人为安全运输所作的合理安排应当积极协助和配合。

第八百二十条　承运人应当按照有效客票记载的时间、班次和座位号运输旅客。承运人迟延运输或者有其他不能正常运输情形的，应当及时告知和提醒旅客，采取必要的安置措施，并根据旅客的要求安排改乘其他班次或者退票；由此造成旅客损失的，承运人应当承担赔偿责任，但是不可归责于承运人的除外。

4. 火车晚点致卧铺票作废，车站应否承担赔偿责任？

【维权要点】

铁路运输企业应当保证旅客和货物运输的安全，做到列车正点到达。

因铁路运输企业的责任造成旅客不能按车票载明的日期、车次乘车的，铁路运输企业应当按照旅客的要求，退还全部票款或者安排改乘到达相同目的站的其他列车。

【典型案例】

2021 年 4 月 30 日 21 时，艾先生夫妇带着 2 岁的孩子，持两张当晚 22:43 发车的某次某市至开封的卧铺票，来到某市火车站候车大厅。大约 21:40，显示屏上打出“某次列车晚点，大约至 23:30”，之后又连续打出几次。直至 31 日凌晨 2:40 左右，广播通知“某次列车继续晚点，请乘某次列车的旅客改乘 202 次列车”。当艾先生找到大厅负责人询问时，得知 202 次列车已发车。随后，艾先生又通过值班人员找到刚好路过某市的 196 次列车列车长协商，改乘 196 次列车。上车时，列车长提出票未检，值班人员找来检票员，当着列车长的面检了票。火车开动后，列车长又以某次卧铺票被检过为由，宣布作废，要求重新补票。无奈艾先生又花了 155 元补了两张卧铺票。

艾先生到开封下车后了解到，自己原本买票乘坐的某次列车早 196 次列车几十分钟就到达了开封。由此认为，候车大厅负责人是在欺骗旅客，某次列车在 196 次列车到达某市之前就已经发车并到达，是工作人员失职，没有报站。2021 年 5 月 15 日，艾先生投诉到省消协，要求车站给予经济上及精神上赔偿。

省消协在调查核实中了解到，某市火车站当晚接铁路客运调度通知，由于前面几站旅客超员晚了点，为了抢点，要求某市站某次列车不要报站放客，所以，某次列车经过该站时没有报站，并不是工作人员失误而漏报。于是此案发生争执。

【法官讲法】

本案中，某次列车晚点，本已是铁路企业方面违约。然而，晚点进站后又不报站，致使艾先生一家人未能搭乘该次列车。在这种情况下，铁路企业有义务按旅客要求退票或安排改乘。退票时不得收取手续费，改乘时只须补收或退还票价差额款即可。但本案中艾先生在改乘时，却被宣布原车票作废，不得不全价购买新车票。本案中铁路工作人员态度恶劣，且严重违反规定，造成艾先生直接经济损失，铁路企业理应返还原票款。

运输合同是承运人将旅客或者货物从起运地点运输到约定地点，旅客、托运人或者收货人支付票款或者运输费用的合同。对于运输合同为诺成性还是实践性合同，有不同的观点。在传统民法上多认为运输合同为实践性合同，只有在托运人将货物交给承运人或者承运人接受货物时，合同才成立。另一种观点认为，运输合同原则上为诺成性合同。除当事人另有约定或者另有交易的习惯外，旅客运输合同自承运人向旅客交付客票时成立，货物运输合同自托运人与承运人达成运输协议时成立。铁路旅客运输合同也是民法典规定的客运合同的一种。承运人的基本权利义务与其他客运承运人相同。铁路法第 10 条规定："铁路运输企业应当保证旅客和货物运输的安全，做到列车正点到达。"如果铁路运输企业未尽及时正点运达的义务，应采取什么补救措施呢？铁路法第 12 条规定："铁路运输企业应当保证旅客按车票载明的日期、车次乘车，并到达目的站。因铁路运输企业的责任造成旅客不能按车票载明的日期、车次乘车的，铁路运输企业应当按照旅客的要求，退还全部票款或者安排改乘到达相同目的站的其他列车。"我们知道，承运人的主要义务是按照约定的或者通常的运输路线在约定期间或者合理期间内将旅客及其行李安全运送到目的地，主要有以下几种：(1) 重要事项的告知义务；(2) 按照客票运输的义务；(3) 按照约定的运输工具运输的义务；(4) 尽力救助旅客的义务；(5) 保证旅客人身安全的义务；(6) 保证旅客行李安全的义务。

本案中，铁路企业应以上门道歉、退还票款的形式承担责任。我们认为，根据有关法律规定，艾先生作为消费者，有取得双倍赔偿的权利。本案中，某次火车晚点到达某市站，某市站本应及时报站，却广播"某次列车继续晚点，请乘某次列车的旅客改乘 202 次列车"。某市站声称这"并不是工作人员失误而漏报"，而是为了抢点而不放客。虽然某市站自称动机是好的，但对于在寒夜中等待晚点列车长达 4 个小时的旅客来说，某市站明知某次列车已到站却故意不报，这不是欺诈又是什么？另外，196 次列车列车长先要求艾先生检票，然后宣布其车票是已检过的票作废，这很明显也是欺诈。消费者权益保护法第 55 条第 1 款规定："经营者提供商品或者服务有欺诈行为的，应当按照消费者的要求增加赔偿其受到的损失，增加赔偿的金额为消费者购买商品的价款或者接受服务的费用的三倍；增加赔偿的金额不足五百元的，为五百元。法律另有规定的，依照其规定。”本案中，艾先生有权要求某市站加倍赔偿。当然，这是艾先生的权利，他可以主张，也可以放弃。

【法条指引】

中华人民共和国民法典

第八百一十一条 承运人应当在约定期限或者合理期限内将旅客、货物安全运输到约定地点。

第八百一十二条 承运人应当按照约定的或者通常的运输路线将旅客、货物运输到约定地点。

第八百一十四条 客运合同自承运人向旅客出具客票时成立，但是当事人另有约定或者另有交易习惯的除外。

中华人民共和国铁路法

第十条 铁路运输企业应当保证旅客和货物运输的安全，做到列车正点到达。

第十二条 铁路运输企业应当保证旅客按车票载明的日期、车次乘车，并到达目的站。因铁路运输企业的责任造成旅客不能按车票载明的日期、车次乘车的，铁路运输企业应当按照旅客的要求，退还全部票款或者安排改乘到达相同目的站的其他列车。

中华人民共和国消费者权益保护法

第五十五条第一款 经营者提供商品或者服务有欺诈行为的，应当按照消费者的要求增加赔偿其受到的损失，增加赔偿的金额为消费者购买商品的价款或者接受服务的费用的三倍；增加赔偿的金额不足五百元的，为五百元。法律另有规定的，依照其规定。

5. 公交服务者辱骂并紧急刹车致旅客受伤，应否承担赔偿责任？

【维权要点】

消费者在购买、使用商品和接受服务时享有人身、财产安全不受损害的权利。消费者有权要求经营者提供的商品和服务，符合保障人身、财产安全的要求。消费者因购买、使用商品或者接受服务受到人身、财产损害的，享有依法获得赔偿的权利。

【典型案例】

某市的6路公共汽车，自火车站开往某饲料厂。袁某是一位外地游客。他下火车后便径直来到了6路车的始发站等车，欲前往“某寺”参观、游览、拍摄。约10分钟的工夫，一辆6路公交空调车进了站。袁某便和其他乘客一起登上了这辆公交车。上车后，袁某当即掏出2元钱买了票，并请乘务员在到达“某寺”站时提醒一下他。6路公交车一路前行，20分钟后，停在菊香园站。公交车再次启动后，袁某再次问乘务员距离“某寺”站还有多远时，乘务员不耐烦地说：“早过去两站了。”袁某便说：“我刚才让你提醒一下我，为什么不提醒我？”乘务员答道：“不提醒咋啦！你自己不会看站牌？”袁某也不示弱，继续与乘务员论理，两人争得面红耳赤。争着争着，女乘务员便手拿票板来到袁某跟前，乘其不备，用票板猛击袁某头部。袁某躲闪不及，头上被重重地击打了一下，鲜血直流。想到自己人地两生，寡不敌众，袁某只有自认倒霉了。正当袁某准备下车时，女乘务员却拦住去路不准袁某下车。眼看终点站某饲料厂就要到了，袁某心里更是着急，担心出更大的事情，便再次试图下车，然而又被女乘务员阻拦。这时，车上除袁某外还有另外三位乘客。另外三位乘客实在看不下去了，便纷纷指责女乘务员，要求驾驶员立即停车开门让袁某下车。但驾驶员不仅不停车反而加大油门，提高车速，疯狂地向终点站驶去。三位乘客站起身，决定在终点站的前一站下车。三位乘客刚刚站起身，驾驶员便说：“你们多管闲事，小心点。”三位乘客和袁某便齐声说：“我们一起到公交公司举报你们。”话音未落，驾驶员便来了一个急刹车。三位乘客立足未稳，摔倒在地，袁某被粉碎的车玻璃划伤，鲜血淋漓。四位受辱乘客，忍着剧痛，联名向公交公司举报，要求：（1）惩办乘务员和驾驶员；（2）赔偿经济损失5000元。后在公交公司的积极处理下，司乘人员被停职检查，并向四位乘客公开赔礼道歉。同时，公交公司还向四位乘客各赔偿380元。

【法官讲法】

公交是一个国家、地区、城市的窗口，是宣传精神文明的基地，是为消费者提供服务的重要领域，服务质量的好坏关系到公交的声誉，也关系到乘客的身心健康和生命安全，我们要提倡优质服务，杜绝和减少劣质服务，切实保障乘客的合法权益。

目前，在公交服务领域尚存在一些不合格、不文明行为，主要表现有：不正点发车、甩站、拒载、野蛮行车、用污秽语言中伤乘客，甚至动手伤害乘客等。这些行为极易造成对乘客的损害，轻者会使乘客的身心受到损害；重者会使乘客的人身健康、生命安全受到损害。这一问题已引起了社会各界人士的关注。

公交公司、乘务员、驾驶员实施了不合格的服务行为，给乘客造成损害后，往往利用其优势地位拒绝对乘客进行赔偿。同时，由于这一不合格的服务行为往往是在瞬间发生的，稍纵即逝，所以，证据往往不易获取，不易保存，给乘客依法获得赔偿带来了极大的困难。乘客往往是多数的，他们都是被服务的对象，在同一时间、同一地点对公交公司、乘务员、驾驶员所实施的侵害消费者权益的行为有目共睹。因此，解决这样的纠纷，处理这样的事故，其他乘客的证人证言是非常重要的，行为人和受害人都应该注意收集和利用这一证据，以此来维护自己的合法权益。

在本案例中，驾驶员和乘务员的服务态度、服务质量严重违反法律、法规规定，侵犯了乘客的合法权益，性质恶劣，后果严重。

（1）袁某在购票时，请求乘务员在到达“某寺”站时提醒一下他，但乘务员却未予以提醒，不论什么原因造成未予以提醒，均是乘务员的失职行为。

（2）对于这一失职行为，袁某的质询是合情合理的。乘务员应对袁某的质询作出合理的答复，并妥善解决，但乘务员却有错不改，反而变本加厉，迁怒袁某，并出污言秽语侮辱、中伤袁某，是错上加错。

（3）乘务员嫌用语言侮辱还不够，又变本加厉，用票板击打袁某，致袁某头部受伤，使自己罪加一等。

（4）消费者、乘客本是一家人，在袁某受到侮辱和伤害后，另三位乘客看不惯司乘人员的违法行为，便联合起来予以谴责，并要求停止违法行为。这一互相帮助、挺身而出、见义勇为的行为和举动应予以提倡和保护，更应发扬光大。

（5）乘客的不满和联合本应促使乘务员和驾驶员认识到自己的错误，知错就改，向乘客赔礼道歉。谁知，驾驶员却背道而驰，野蛮行车，采取急刹车的恶劣手段造成袁某和其他三位乘客受伤，激起公愤，应予严惩。

【法条指引】

中华人民共和国消费者权益保护法

第七条　消费者在购买、使用商品和接受服务时享有人身、财产安全不受损害的权利。

消费者有权要求经营者提供的商品和服务，符合保障人身、财产安全的要求。

第十一条　消费者因购买、使用商品或者接受服务受到人身、财产损害的，享有依法获得赔偿的权利。

第四十九条　经营者提供商品或者服务，造成消费者或者其他受害人人身伤害的，应当赔偿医疗费、护理费、交通费等为治疗和康复支出的合理费用，以及因误工减少的收入。造成残疾的，还应当赔偿残疾生活辅助具费和残疾赔偿金。造成死亡的，还应当赔偿丧葬费和死亡赔偿金。

6. 乘客避险跳车受伤，责任应当由谁承担？

【维权要点】

承运人应当在约定期间或者合理期间将旅客、货物安全运输至约定地点。承运人在运输过程中，应当尽力救助患有急病、分娩、遇险的旅客。

【典型案例】

黄某到A市旅游，一周后准备回家，于是购票乘坐吴某营运的中巴车。乘车从A市某区到某镇的回家途中，男青年屈某等四人上车寻衅滋事，无故对黄某拳打脚踢，致其鼻子流血（屈某等人因此被判刑）。当该车行至该镇某村时，黄某要求下车，屈某等人威胁司机不准停车，并扬言要将黄某拖到某镇后继续殴打，黄某十分害怕，在未停车的情况下，擅自拉开车门跳下，造成颈部骨折、颅内血肿、面部软组织损伤、头皮血肿、颅底骨折等后果，经法医鉴定其伤残程度为十级。为伤残赔偿问题，黄某以客运合同纠纷为由向法院提起诉讼，要求吴某赔偿经济损失。吴某则认为黄某的损害后果是因其自行跳车所致，因此，不承担赔偿责任，于是此案发生争执。

【法官讲法】

首先，黄某购票乘坐吴某运营的车辆，双方客运合同成立，吴某有义务将黄某安全运送到目的地。客运合同即旅客运输合同，是指当事人双方约定承运人将旅客及其行李安全运输到目的地，旅客为此支付费用的合同。民法典第811条规定："承运人应当在约定期限或者合理期限内将旅客、货物安全运输到约定地点。"第822条规定："承运人在运输过程中，应当尽力救助患有急病、分娩、遇险的旅客。"在营运过程中，当黄某遭到不法侵害时，吴某未采取积极有效的措施进行制止；在黄某到达目的地并为避难要求下车时，吴某未停车让黄某安全下车；在黄某拉开车门跳车时吴某亦未积极阻止。这充分说明吴某未履行"尽力救助"的法定义务，也未履行合同约定的主要义务——安全义务。吴某违反公路旅客运输合同的约定，应承担违约的民事赔偿责任。

其次，黄某的紧急避险行为并无不当，未超过必要限度，因此不应承担任何民事责任。紧急避险的成立须具备以下三个条件：（1）必须有紧急危险；（2）必须是在迫不得已的情况下采取的避险措施；（3）避险行为不得超过限度。案发时，黄某被屈某等人殴打无人相助，是在面临遭遇更大危险时实施紧急避险；黄某在孤立无援、无法逃避的情况下，不可能进一步选择更恰当的方式或更合适的避险限度。显然，黄某的行为符合紧急避险的条件。

最后，黄某有权向吴某要求赔偿。屈某等人的行为，除应当承担刑事责任外，亦与黄某形成人身伤害赔偿关系。刑事责任是刑事法律规定的，因实施犯罪行为而产生的，由司法机关强制犯罪者承受的刑事惩罚。黄某购票乘坐吴某营运的车辆，双方形成公路旅客运输合同关系和消费关系。当权利人的权利受损是因多种原因所致时，根据民法的自愿原则，黄某有权选择救济方式。这种选择是当事人意思的体现，黄某依合同选择违约民事责任之诉符合法律规定，同时，当黄某的赔偿目的通过两诉之一而实现时，其对另一诉的权利随之消失，但吴某在赔偿黄某损失后对屈某等人有追偿权，因此，吴某应当承担全部赔偿责任。

【法条指引】

中华人民共和国民法典

第一百八十二条　因紧急避险造成损害的，由引起险情发生的人承担民事责任。

危险由自然原因引起的，紧急避险人不承担民事责任，可以给予适当补偿。

紧急避险采取措施不当或者超过必要的限度，造成不应有的损害的，紧急避险人应当承担适当的民事责任。

第一百八十六条　因当事人一方的违约行为，损害对方人身权益、财产权益的，受损害方有权选择请求其承担违约责任或者侵权责任。

第五百九十三条　当事人一方因第三人的原因造成违约的，应当依法向对方承担违约责任。当事人一方和第三人之间的纠纷，依照法律规定或者按照约定处理。

第八百零九条　运输合同是承运人将旅客或者货物从起运地点运输到约定地点，旅客、托运人或者收货人支付票款或者运输费用的合同。

第八百一十一条　承运人应当在约定期限或者合理期限内将旅客、货物安全运输到约定地点。

第八百一十二条　承运人应当按照约定的或者通常的运输路线将旅客、货物运输到约定地点。

第八百二十二条　承运人在运输过程中，应当尽力救助患有急病、分娩、遇险的旅客。

第八百二十三条　承运人应当对运输过程中旅客的伤亡承担赔偿责任；但是，伤亡是旅客自身健康原因造成的或者承运人证明伤亡是旅客故意、重大过失造成的除外。

前款规定适用于按照规定免票、持优待票或者经承运人许可搭乘的无票旅客。

7. 游客因司机减速过快而摔倒，应当如何确定赔偿责任？

【维权要点】

承运人应当在约定期间或者合理期间内将旅客、货物安全运输到约定地点。对可能危及人身、财产安全的服务，应当向消费者作出真实的说明和明确的警示，并说明和标明正确接受服务的方法以及防止危害发生的方法。

【典型案例】

李某乘坐某公交公司的一辆无人售票公交车去某公园游览，在公交大巴进站停靠过程中，由于减速过快，导致李某由座位上站起准备下车时在强大的惯性下一跤摔倒。经医院检查及有关部门鉴定，李某被确诊为髌骨粉碎性骨折及右侧两根肋骨骨折，属七级伤残。

【法官讲法】

在该起纠纷中，有以下两个法律问题值得关注。

其一，客运合同的成立。关于旅客运输合同的成立，我国学界和理论界通常认为应自承运人向旅客交付客票时始，但在一些特殊情况下，应按照当事人约定或者交易习惯确定合同成立时间。例如，在旅客先乘上运输工具而后再补票的情况下，承运人向旅客交付客票的行为就不再是合同成立的标志。在本案中，由于乘客所乘坐的是无人售票车，车票一律放于车厢内任乘客自取，故不存在承运人向乘客交付客票的情况，只要乘客经司机允许乘坐该辆公交汽车，即应视为合同成立。

其二，责任的承担。本案中，乘客的受伤是否应当由公交公司承担赔偿责任，这涉及公交公司在客运合同中应尽的义务及相关责任的承担问题。公交公司作为提供客运交通运输服务的营利性法人，其与乘客间存在合同关系，其接受乘客的购票要约，双方的合同关系即告成立。由于客运公交担负的是关乎广大乘客生命安全的重任，因此，其在合同成立后应负特别注意义务，以确保乘客的乘车安全。本案中，司机在进站时应充分考虑惯性因素，在合理的距离内开始减速，其合理之确认应以在正常情况下，不致让站立的乘客摔倒，此即属司机之特殊注意义务。总而言之，其所负之注意义务应以其在正常情况下，在正常人（当然，此处系指司机在正常精神状态下，在掌握道路行车安全必要知识的情况下）所能注意到的范围内确保乘客的安全。立法者认为承运人应当对旅客的人身伤亡承担无过错责任，其本意在于确保旅客的合法利益。故此，依立法本意，有必要对民法典第 823 条第 1 款的规定“承运人应当对运输过程中旅客的伤亡承担赔偿责任；但是，伤亡是旅客自身健康原因造成的或者承运人证明伤亡是旅客故意、重大过失造成的除外”中的“旅客”作扩大化解释。在适用该条款处理有关公交公司旅客运输合同纠纷时，即应理解为在运输过程中身处运输车辆中的自然人，以促使公交公司加强对交通安全防范措施的重视。故在此情形下，应当认定公交公司负赔偿责任。

【法条指引】

中华人民共和国民法典

第一百八十六条　因当事人一方的违约行为，损害对方人身权益、财产权益的，受损害方有权选择请求其承担违约责任或者侵权责任。

第八百一十一条　承运人应当在约定期限或者合理期限内将旅客、货物安全运输到约定地点。

第八百一十四条　客运合同自承运人向旅客出具客票时成立，但是当事人另有约定或者另有交易习惯的除外。

第八百二十三条　承运人应当对运输过程中旅客的伤亡承担赔偿责任；但是，伤亡是旅客自身健康原因造成的或者承运人证明伤亡是旅客故意、重大过失造成的除外。

前款规定适用于按照规定免票、持优待票或者经承运人许可搭乘的无票旅客。

中华人民共和国消费者权益保护法

第七条　消费者在购买、使用商品和接受服务时享有人身、财产安全不受损害的权利。

消费者有权要求经营者提供的商品和服务，符合保障人身、财产安全的要求。

第十一条　消费因购买、使用商品或者接受服务受到人身、财产损害的，享有依法获得赔偿的权利。

第十八条　经营者应当保证其提供的商品或者服务符合保障人身、财产安全的要求。对可能危及人身、财产安全的商品和服务，应当向消费者作出真实的说明和明确的警示，并说明和标明正确使用商品或者接受服务的方法以及防止危害发生的方法。

宾馆、商场、餐馆、银行、机场、车站、港口、影剧院等经营场所的经营者，应当对消费者尽到安全保障义务。

8. 车门断开致游客受伤，公交公司应否承担赔偿责任？

【维权要点】

经营者对消费者未尽到安全保障义务，造成消费者损害的，应当承担侵权责任。

【典型案例】

春节前，客流量较大，公交更显繁忙。一日，张某欲乘818路公交车前往某游览点旅游，等了20多分钟，好不容易盼来了一辆818路公交车。但该车已严重超载，人满为患。在乘务人员的疏导和帮助下，张某好不容易才登上车。上车后，张某被夹在人群中，上不能上，下不能下，只好背靠车门站着。乘务员催促着乘客买票，张某按规定购买了一张2元的车票。818路公交车载着乘客向前行驶，再过一站，张某的目的地就要到了。突然，张某感到整个身体失去了依靠，瞬间便被抛出车外，撞到路旁的电线杆上。原来，在行驶途中，车门开了，紧靠车门的张某便被抛出车外。由于车速快，加上又撞在电线杆上，张某伤势严重，送往某医科大学附属第一医院后被诊断为：头、臂、腰严重骨折，脑震荡，需要住院治疗。事故发生后，交警总队和公交公司共同勘查了现场，最后得出结论：张某的损害系车门老化，年久失修，中轴断裂所致。张某的丈夫经与公交公司协商，要求公交公司承担损害赔偿责任：（1）公交公司承担张某的全部医疗费、误工费、护理费和营养费；（2）公交公司一次性赔偿张某经济损失2000元。

【法官讲法】

公共交通具有“安全、正点、舒适、快捷”的特点。在飞速发展、效益提高的情况下，一些运营者却忽视了安全的问题，损害乘客合法权益的事件时有发生，造成损害的原因中最典型的是对车辆状况、车辆质量重视不够。具体表现有：不按法律、法规的规定对车辆进行保养和维修；车辆带“伤”、带“病”出勤；车辆辅件及附属设施缺陷严重；轮胎更换不勤，磨损程度严重。所有这些都存在着潜在的危险，极易造成损害，发生事故。这些潜在的危险，不仅会给乘客造成损害，也易给司乘人员造成损害，严重的还会给社会带来危害。

残酷的现实和频频发生的伤亡事故要求我们必须重视车辆的质量和状况，勤保养、勤维修，不开“伤病”车、“英雄”车、“酒后”车，经检验不合格的车辆不出场、不载客、不营运。只有这样，公交运营才能步入一个安全、可靠、有保证的良性循环。

公交车是公交公司进行旅客运输服务的服务工具，应对该服务工具的质量负责，承担因该服务工具质量不合格给消费者造成的损害。在本案例中，公交公司主观上有如下过错：(1) 没有按照《关于加强城市公共交通工作的若干规定》的要求对公交车进行经常性的保养和维修，使该车处在不安全、不合格的情况下；(2) 违反了“不合格的车辆”禁止出厂、禁止运营的规定；(3) 驾驶员明知该车有质量问题，却视而不见，冒险开带“病”车、带“伤”车；(4) 严重超载。基于以上理由，公交公司应承担对张某的赔偿责任，并对驾驶员进行处罚。

因服务工具给消费者造成损害的情况还有如下几种：(1) 因玻璃破碎致害；(2) 因座椅损坏致害；(3) 因发动机坐盖过热致害；(4) 因火灾致害。这些损害的原因、过错原则、责任形式与本事例相似，可以比照处理。

【法条指引】

中华人民共和国消费者权益保护法

第七条　消费者在购买、使用商品和接受服务时享有人身、财产安全不受损害的权利。

消费者有权要求经营者提供的商品和服务，符合保障人身、财产安全的要求。

第十一条 消费者因购买、使用商品或者接受服务受到人身、财产损害的，享有依法获得赔偿的权利。

第四十八条 经营者提供商品或者服务有下列情形之一的，除本法另有规定外，应当依照其他有关法律、法规的规定，承担民事责任：

（一）商品或者服务存在缺陷的；

（二）不具备商品应当具备的使用性能而出售时未作说明的；

（三）不符合在商品或者其包装上注明采用的商品标准的；

（四）不符合商品说明、实物样品等方式表明的质量状况的；

（五）生产国家明令淘汰的商品或者销售失效、变质的商品的；

（六）销售的商品数量不足的；

（七）服务的内容和费用违反约定的；

（八）对消费者提出的修理、重作、更换、退货、补足商品数量、退还货款和服务费用或者赔偿损失的要求，故意拖延或者无理拒绝的；

（九）法律、法规规定的其他损害消费者权益的情形。

经营者对消费者未尽到安全保障义务，造成消费者损害的，应当承担侵权责任。

第四十九条 经营者提供商品或者服务，造成消费者或者其他受害人人身伤害的，应当赔偿医疗费、护理费、交通费等为治疗和康复支出的合理费用，以及因误工减少的收入。造成残疾的，还应当赔偿残疾生活辅助具费和残疾赔偿金。造成死亡的，还应当赔偿丧葬费和死亡赔偿金。

9. 学生旅游途中被动物咬伤，责任应当如何确定？

【维权要点】

经营者提供商品或者服务，造成消费者或者其他受害人人身伤害的，应当赔偿医疗费、护理费、交通费等为治疗和康复支出的合理费用，以及因误工减少的收入。

【典型案例】

2021 年 4 月 1 日，王某所在的学校某市某第二小学，组织全体师生到某民族村旅游。下午1时许，该校四年级三班学生列队行至白族村与彝族村交叉路口处时，王某被民族村旅游马车承包经营者邓某的马咬了一口，走在其后的同班同学李某发现并告知班主任杨老师，经杨老师安排，马车主邓某与一同学将王某送到民族村职工医院进行右耳耳垂缝合。此间，马车主邓某听说有学生曾用雨伞戳过马嘴，才引起马咬人的事故，遂返回原地找到杨老师要求检查学生的物品，经检查后均未发现有学生带伞。当天，王某又被送进市医学院第一附属医院进行住院治疗12天，终因重缝耳垂未成功，而导致王某右耳耳垂部缺损。后经市公安局人体损伤法医鉴定中心鉴定为:“右耳耳垂部缺失约占一耳20%，评定其伤情为轻伤，构成轻度毁容。”于是王某向人民法院提起诉讼。

【法官讲法】

本案中，王某在旅游途中被马咬伤，应查明原因，分清责任。如果是王某不服从学校组织和安排，故意涉险导致被马咬伤，那么民族村不负赔偿责任。在消费者权益保护法中，尽管旅游者是以权利主体的身份出现，这并不等于说旅游者只享有权利，不承担任何义务。所以，本案中王某是否用雨伞戳过马嘴是本案的关键。

民族村系一旅游景点，作为经营者应当依法为旅客提供保障人身、财产安全的服务环境，对可能危及游客人身、财产安全的服务，应当采取相应的防范措施或明确警示游客，而民族村明知马在一定状态下会伤人，却未对该旅游区运输游客的马匹采取任何防范措施，从而导致该马咬伤受害人王某右耳的事故发生。

民法典第1245条规定：饲养的动物造成他人损害的，动物饲养人或者管理人应当承担侵权责任；但是，能够证明损害是因被侵权人故意或者重大过失造成的，可以不承担或者减轻责任。该案被告民族村作为旅游地的管理者，应承担损害赔偿的民事责任。

民法典第1201条规定，无民事行为能力人或者限制民事行为能力人在幼儿园、学校或者其他教育机构学习、生活期间，受到幼儿园、学校或者其他教育机构以外的第三人人身损害的，由第三人承担侵权责任；幼儿园、学校或者其他教育机构未尽到管理职责的，承担相应的补充责任。幼儿园、学校或者其他教育机构承担补充责任后，可以向第三人追偿。而某第二小学在这次旅游活动中，组织严密，王某被马咬伤时是在行进的队列里，没有逗马，对王某被马咬伤耳朵没有过错，已尽到了监护管理的责任，故依法不应承担民事责任。

该案经市中级人民法院公开开庭进行审理。审理过程中王某对本案事实做了陈述，并提供了某第二小学四年级三班班主任杨老师及该班11名学生的证言、民族村职工医院的证明、某医学院第一附属医院病情证明，以及有关治疗费用的单据、市公安局人体损伤法医鉴定结果。被告认为，马咬人是因为一学生用雨伞戳马嘴而致，民族村不应承担责任。某第二小学认为，受害人本身无任何过错行为，学校组织春游活动也是周密安排，精心安排，无任何过错，不应承担民事责任。

法院审理后认为：受害人王某的右耳被马咬伤的事实，双方均无异议。经审理确认，该事故的发生，系民族村管理不善以及马车车主邓某不负责任所致。民族村认为的某第二小学学生用雨伞戳马嘴引起马咬人事故，无事实依据。该案民族村作为旅游场所的管理者，应承担损害赔偿的民事责任。而某第二小学在组织这次旅游活动中，对王某被马咬伤没有过错，已尽到了监护管理的责任，依法不应承担民事责任。对于王某提出要求赔偿住院期间的医药费、误工费、车旅费、鉴定费，符合有关法律规定，法院予以支持。王某的其他请求无法律依据，法院不予支持。

【法条指引】

中华人民共和国民法典

第一千二百零一条 无民事行为能力人或者限制民事行为能力人在幼儿园、学校或者其他教育机构学习、生活期间，受到幼儿园、学校或者其他教育机构以外的第三人人身损害的，由第三人承担侵权责任；幼儿园、学校或者其他教育机构未尽到管理职责的，承担相应的补充责任。幼儿园、学校或者其他教育机构承担补充责任后，可以向第三人追偿。

第一千二百四十五条 饲养的动物造成他人损害的，动物饲养人或者管理人应当承担侵权责任；但是，能够证明损害是因被侵权人故意或者重大过失造成的，可以不承担或者减轻责任。

中华人民共和国消费者权益保护法

第十八条　经营者应当保证其提供的商品或者服务符合保障人身、财产安全的要求。对可能危及人身、财产安全的商品和服务，应当向消费者作出真实的说明和明确的警示，并说明和标明正确使用商品或者接受服务的方法以及防止危害发生的方法。

宾馆、商场、餐馆、银行、机场、车站、港口、影剧院等经营场所的经营者，应当对消费者尽到安全保障义务。

第四十九条　经营者提供商品或者服务，造成消费者或者其他受害人人身伤害的，应当赔偿医疗费、护理费、交通费等为治疗和康复支出的合理费用，以及因误工减少的收入。造成残疾的，还应当赔偿残疾生活辅助具费和残疾赔偿金。造成死亡的，还应当赔偿丧葬费和死亡赔偿金。

第三章　食宿消费权益保护

1. 游客随团旅游期间食物中毒，应当如何确定赔偿责任?

【维权要点】

消费者在购买、使用商品和接受服务时享有人身、财产安全不受损害的权利。消费者有权要求经营者提供的商品和服务，符合保障人身、财产安全的要求。

【典型案例】

2021 年 5 月 20 日，某中医院工会组织 130 名职工参加某旅行社的“北京—兴城—桃花岛—笔架山—观音洞五日游”旅行团。5 月 21 日下午，旅行团被安排在葫芦岛畔某餐馆就餐。当日夜间，20 余人呕吐、腹泻，被送至兴城人民医院，兴城人民医院诊断书确认为集体食物中毒。

某中医院职工王某返京后病情仍无好转，并感觉胸闷、心悸，常感疲劳，遂住院治疗。7 月 6 日，王某出院，出院诊断为：心律失常，偶发室性早搏（良性）。王某于是向北京市东城区人民法院起诉，要求旅行社赔偿8 万余元。对王某的病情，法院向上级法院法医室进行了咨询。据介绍，食物中毒、腹泻会导致钾离子丢失，从而诱发心肌缺血，引起心律失常。对案件的基本事实，当事人双方均无太大争议，但对赔偿责任应由谁负各执己见。另据了解，这家餐馆是某旅行社事先预订的，但没有审查过其营业执照、卫生许可证及业务水平。

【法官讲法】

根据旅游企业是否专门为旅游者服务，旅游企业可分为专门的旅游企业和辅助的旅游企业。后者指本身的业务并不是专门为旅游者服务，但会偶然地或与专门的旅游企业签订合同后经常地为旅游者提供服务。旅游企业由于人员、财力、业务水平等各方面的限制，很难将与自己签了合同的旅游者在旅游过程中的饮食、住宿、交通、游览、娱乐和购物等一系列活动全部一手提供，他们往往与这些行业的从业者合作，由这些经营者提供相应的旅游服务，而由旅游企业或旅游者向这些经营者支付价款或酬金。其合作的具体方式主要有：(1) 旅游企业事先和这些经营者签订合同或口头约定，旅游企业带旅游者来这些经营者那里用餐、住宿等，由旅游企业从旅游者交付的旅游票款中支付餐费、住宿费等，这种方式一般是在旅游企业向旅游者收取全部旅游费用时采用的。(2) 旅游企业带领旅游者在某一经营者处用餐、住宿，由旅游企业出面安排具体事务，由旅游者直接向这些经营者支付相关费用。以上这两种情况，如果旅游者在用餐、住宿等过程中发生中毒等人身伤害，均应由旅游企业与这些经营者共同承担连带赔偿责任。因为二者都有保护旅游消费者人身、财产安全的法定义务。即使在第二种情况下，表面上看只是餐饮、住宿业经营者与旅游者签订了合同，而与旅游企业无关，实则不然。一方面，在整个旅游合同履行期间，旅游企业都有义务保证旅游者的人身、财产安全；另一方面，旅游企业安排旅游者的餐饮住宿应尽必要的注意义务，如审查其营业执照、卫生许可证等。若发生人身伤害，旅游企业必须承担责任。

在旅游纠纷中，还有一种情况：旅游者用餐住宿并非旅游企业安排而是自己找的。在这种情况下发生人身伤害事故，由于是在旅游合同履行期间，旅游企业法定的保护旅游者人身、财产安全的义务仍应存在。

综上所述，由于辅助旅游企业的过失造成旅游者人身、财产受损，旅游企业与辅助旅游企业应共同对损害承担赔偿责任。

具体到本案，王某随某旅行社外出旅游，在此过程中，由于在餐馆就餐中毒，导致身体健康受损，由此带来一系列的财产损失，某旅行社与某餐馆应共同对损失承担赔偿责任，法院应追加某餐馆而不应追加某中医院承担责任，因为该医院在旅游合同中，不是合同的任何一方，其选择某旅行社也无过错。在整个过程中，它只是一个旅游者们参加旅游的组织者，与旅游者没有民事法律关系。因此，某旅行社与某餐馆应对王某由于食物中毒实际发生的医疗费、误工费、伙食补助费及由于身体健康受损导致的精神损失费共同予以赔偿以后，再按二者各自的过错划分各自应承担的份额。

【法条指引】

中华人民共和国消费者权益保护法

第七条 消费者在购买、使用商品和接受服务时享有人身、财产安全不受损害的权利。

消费者有权要求经营者提供的商品和服务，符合保障人身、财产安全的要求。

第十八条 经营者应当保证其提供的商品或者服务符合保障人身、财产安全的要求。对可能危及人身、财产安全的商品和服务，应当向消费者作出真实的说明和明确的警示，并说明和标明正确使用商品或者接受服务的方法以及防止危害发生的方法。

宾馆、商场、餐馆、银行、机场、车站、港口、影剧院等经营场所的经营者，应当对消费者尽到安全保障义务。

第四十条 消费者在购买、使用商品时，其合法权益受到损害的，可以向销售者要求赔偿。销售者赔偿后，属于生产者的责任或者属于向销售者提供商品的其他销售者的责任的，销售者有权向生产者或者其他销售者追偿。

消费者或者其他受害人因商品缺陷造成人身、财产损害的，可以向销售者要求赔偿，也可以向生产者要求赔偿。属于生产者责任的，销售者赔偿后，有权向生产者追偿。属于销售者责任的，生产者赔偿后，有权向销售者追偿。

消费者在接受服务时，其合法权益受到损害的，可以向服务者要求赔偿。

第四十九条 经营者提供商品或者服务，造成消费者或者其他受害人人身伤害的，应当赔偿医疗费、护理费、交通费等为治疗和康复支出的合理费用，以及因误工减少的收入。造成残疾的，还应当赔偿残疾生活辅助具费和残疾赔偿金。造成死亡的，还应当赔偿丧葬费和死亡赔偿金。

2. 用餐时使用的卡式炉气罐发生爆炸，应当如何确定赔偿责任？

【维权要点】

因产品缺陷造成人身、缺陷产品以外的其他财产损害的，生产者应当承担赔偿责任。

【典型案例】

2021 年 5 月 19 日，17 岁的贾某与家人及邻居从某地旅游归来，下午在某餐厅聚餐，该餐厅提供给他们使用的炉具为一厨房用具厂生产的卡式炉，提供的燃气为一气雾剂公司提供的边炉石油气。贾某等人使用完第一罐，换置第二罐继续使用约 10 分钟时，该卡式炉气罐发生爆炸，致贾某面部、双手烧伤。经当即送往医院治疗，诊断为：面部、双手背部深 2 度烧伤，面积为 8%。

从 2021 年 5 月 20 日至 6 月 29 日，贾某共住院治疗 52 天。住院期间应支付治疗费 12950. 70 元，其中已由该餐厅垫付 6703. 50 元；住院期间经医嘱购置的营养品费用为 3809. 48 元；致伤后的护理费为 7051. 50 元；交通费 4293. 90 元；残疾人生活辅助用具费 3559. 35 元。上述费用共计 31664. 93 元。

贾某向某人民法院提起诉讼称："事故发生使我面部及双手严重烧伤。现我容貌被毁，手指变形，留下残疾，不仅影响学业，而且给我的身体、精神均造成了极大痛苦。"贾某要求气雾剂公司、厨房用具厂和餐厅共同赔偿医疗费、治疗辅助费、护理费、营养费、交通费、学习费等 37711. 63 元，赔偿部分丧失劳动能力的生活补助费 51840 元、未来教育费 2 万元、恢复治疗费 30 万元、手术整容费 60 万元及精神损害赔偿金 65 万元，共计 1659551. 63 元。

【法官讲法】

本案纠纷主要涉及的问题是，贾某在餐厅就餐时因餐厅提供使用的卡式炉气罐发生爆炸致残，应由谁承担赔偿责任以及赔偿数额如何确定。

案件审理中，该人民法院委托国家技术监督局对此次爆炸事故原因进行了技术鉴定。鉴定结论为：边炉石油气罐的爆炸不是由于气罐选材不当或制造工艺不良引起的，而是由于气罐不具备有盛装边炉石油气的承压能力引起的。事故罐的内压较高，主要是由于罐中的甲烷、乙烷、丙烷等的含量较高，气罐内饱和蒸汽压高于气罐的耐压强度，是酿成这次事故的原因。罐装后的边炉石油气的混合气压达到 0. 95MPA 和 0. 98MPA，而该边炉石油气罐不具备盛装上述石油气的盛装能力。卡式炉存在小火是由于边炉气罐与炉具连接部位漏气而形成的。又经国家燃气用具质量监督检验中心对卡式炉进行测试，认为该产品存在漏气的可能性，如果安装时不对准，漏气的可能性更大。

经委托市法庭科学技术鉴定研究所对贾某的伤情进行鉴定，结论为：贾某的面部、双手烧伤，经治疗目前伤情已稳定，遗留面部、双手片状疤痕，对其容貌有较为明显的影响。依照有关规定，贾某目前劳动能力部分受限，丧失率为30%。又经医院证明，贾某今后面部及手部可行药物及皮肤美容护理治疗，费用在5万元至6万元；必要时可再行手术治疗，费用约1万元。但治疗后仍遗留部分疤痕难以消除。

区人民法院还查明：气雾剂公司生产的边炉石油气气罐管体表面所印英文标注为："WARNING EXTREMELY FLAMMABLE. CONTAINS LIQUEFIED BUTANE GASUNDER PRESSURE；NEVER REFILL GAS INTO EMPTY CAN"（瓶内装有极易燃烧的液化丁烷气；用完后绝不能再次充装）；所用中文标注为："本罐用完后无损失，可再次重充。"没有证据证明餐厅提供服务与事故发生有因果关系。

根据以上调查情况，气雾剂公司生产的边炉石油气气罐没有根据气罐承压能力科学、安全地按比例成分装填气体，充装使用方法的中英文标注不一致，内容互相矛盾，属于不合格产品。上述质量问题是造成此次事故的基本原因，气雾剂公司无可推卸地应当承担相当于70%的主要责任。卡式炉与燃气瓶连接部位存在漏气可能，若使用时安装不慎则可能性更大，存在危及人身、财产安全的不合理危险，且不符合坚固耐用不漏气的行业标准，质量存在缺陷。在炉内存有小火酿成事故的因果关系中，漏气环节是一个不可缺少的过错诱因。因此，厨房用具厂也负有30%的责任。现没有证据证明餐厅提供服务中存在过错，所以不承担任何法律责任。

人身损害赔偿应依法按照实际损失确定。实际损失除物质方面的以外，也包括精神损失。事故发生时，贾某尚未成年，但身心发育正常。烧伤造成的片状疤痕对其容貌产生了明显影响，并使之劳动能力部分受限，严重地妨碍了她的学习、生活和健康。除肉体痛苦外，无可置疑地给其精神造成了终身悔憾和痛苦，甚至可能导致其心理情感、思想行为的变异，其精神损害是显而易见的，必须给予抚慰与补偿。但是，赔偿额度要考虑当前社会普遍生活水准，丧失的部分劳动能力应合理计赔。据此，贾某要求赔偿的额度中，其中723693.80元缺乏事实和法律依据，特别是精神损害赔偿65万元的诉讼请求明显过高，不能全额支持。

《中华人民共和国产品质量法》第41条第1款规定，因产品存在缺陷造成人身、缺陷产品以外的其他财产损害的，生产者应当承担赔偿责任。第46条规定："本法所称缺陷，是指产品存在危及人身、他人财产安全的不合理的危险；产品有保障人体健康和人身、财产安全的国家标准、行业标准的，是指不符合该标准。"本案被告气雾剂公司生产的边炉石油气气罐没有按照气罐承压能力科学地按比例成分充装石油气，存在危及人身、他人财产安全的不合理的危险；厨房用具厂生产的卡式炉与燃烧气罐连接部位有漏气可能，不符合坚固耐用不漏气的行业标准。因此，上述厨房用具厂与气雾剂公司生产的产品均属于有缺陷产品，应对使用其产品而发生人身伤害的贾某承担赔偿责任。本案的餐厅作为气雾剂公司和厨房用具厂的产品用户，在使用其生产的产品为贾某提供服务中，无证据证明其存在过错，因此，不应当承担贾某人身损害的赔偿责任。

【法条指引】

中华人民共和国产品质量法

第四十一条　因产品存在缺陷造成人身、缺陷产品以外的其他财产（以下简称他人财产）损害的，生产者应当承担赔偿责任。

生产者能够证明有下列情形之一的，不承担赔偿责任：

（一）未将产品投入流通的；

（二）产品投入流通时，引起损害的缺陷尚不存在的；

（三）将产品投入流通时的科学技术水平尚不能发现缺陷的存在的。

第四十六条　本法所称缺陷，是指产品存在危及人身、他人财产安全的不合理的危险；产品有保障人体健康和人身、财产安全的国家标准、行业标准的，是指不符合该标准。

中华人民共和国消费者权益保护法

第四十八条　经营者提供商品或者服务有下列情形之一的，除本法另有规定外，应当依照其他有关法律、法规的规定，承担民事责任：

（一）商品或者服务存在缺陷的；

（二）不具备商品应当具备的使用性能而出售时未作说明的；

（三）不符合在商品或者其包装上注明采用的商品标准的；

（四）不符合商品说明、实物样品等方式表明的质量状况的；

（五）生产国家明令淘汰的商品或者销售失效、变质的商品的；

（六）销售的商品数量不足的；

（七）服务的内容和费用违反约定的；

（八）对消费者提出的修理、重作、更换、退货、补足商品数量、退还货款和服务费用或者赔偿损失的要求，故意拖延或者无理拒绝的；

（九）法律、法规规定的其他损害消费者权益的情形。

经营者对消费者未尽到安全保障义务，造成消费者损害的，应当承担侵权责任。

第四十九条 经营者提供商品或者服务，造成消费者或者其他受害人人身伤害的，应当赔偿医疗费、护理费、交通费等为治疗和康复支出的合理费用，以及因误工减少的收入。造成残疾的，还应当赔偿残疾生活辅助具费和残疾赔偿金。造成死亡的，还应当赔偿丧葬费和死亡赔偿金。

3. 游客恶意利用客房电话频繁拨打信息咨询台，应当怎样确定赔偿数额？

【维权要点】

当事人应当按照约定全面履行自己的义务。当事人应当遵循诚实信用原则，根据合同的性质、目的和交易习惯履行通知、协助、保密等义务。

【典型案例】

蔡某系某市居民，于2022年3月28日到某市郊区参观，在该市第一干部招待所登记住宿，住3号楼405室，住宿1天。之后，又多次到该所住宿：3月31日至4月5日，先住405室1天，后住406室；4月19日至20日，住307室；4月21日至24日，住206室。所住宿的客房，为单人间或双人间，但住双人间只安排其1人住宿。客房里均有可拨打市内的电话。其先后住宿了13天，支付住宿费计1741元。后该招待所在与邮电局结算电话费时，发现蔡某在上述住宿期间，通过客房电话频繁地拨打某信息咨询声讯台，通话时间共计 6016 分钟，邮电局向该招待所收取了信息咨询服务费 5822.7 元。该招待所认为蔡某多次入住利用客房电话频繁拨打信息咨询台，在于恶意取得不正当利益，要求蔡某赔偿其所支出的该笔费用。于是该招待所向该市区人民法院提起诉讼。

【法官讲法】

该案案情虽然简单，但争议颇大。住宿旅客作为消费者，无疑有权使用所住宿的客房电话。客房电话可拨打市区，而某信息台也属于市内电话，且招待所未告知旅客不得拨打某信息台。招待所使用客房电话拨打信息台，是否应承担支付信息费的责任？从本案的具体情况看，蔡某家住当地，在一个月内 4 次入所住宿，频繁地、长时间地拨打某信息台，13 天内通话时间计 6016 分钟，产生信息费用 5822.7 元，大大超出其所支付的 1741 元住宿费。招待所起诉的理由称蔡某此种行为是恶意的，并造成了显失公平的结果。我们认为，旅客的这种行为是否属于恶意不好认定，但本案可以依据民法典第 6 条“民事主体从事民事活动，应当遵循公平原则，合理确定各方的权利和义务”和第 7 条“民事主体从事民事活动，应当遵循诚信原则，秉持诚实，恪守承诺”的规定来处理。从旅客与旅店之间形成的住宿服务合同法律关系入手，认定在招待所使用客房电话获取专家热线咨询信息的行为，属于超出住宿服务合同权利义务内容的范围，滥用了权利，因此，蔡某对招待所已支付的信息费应承担赔偿责任。招待所未告知旅客不得使用客房电话拨打信息台，属于服务工作失误，亦应承担一定的责任。

本案提供的事例表明，在大力维护消费者购买商品或接受服务时的合法权益的同时，我们也应当注意消费者利用合法形式作出违反诚实信用原则、恶意损害对方权益的行为。

根据住宿合同的权利义务内容，旅客确实享有利用店方提供的住宿设备、设施享受服务的权利。但是，这一权利的行使，按照住宿的价格条件和通常的理解，旅客所享受的服务的价格是不会超过店方的住宿价格标准的，否则，就不会存在旅店业这个行业。在本案中，按照法律上的公平原则，在合同关系中，双方的权利义务基本对等是合同的基础，一方享受的权利应与其所负担的对对方的义务大体是等值的。如本案这种旅客得到的利益大大超过其向店方支付的住宿费用的情况，是背离其价格条件、通常理解和合同基础的，旅客的这种行为是不能得到法律支持的。

【法条指引】

中华人民共和国民法典

第五条 民事主体从事民事活动，应当遵循自愿原则，按照自己的意思设立、变更、终止民事法律关系。

第六条 民事主体从事民事活动，应当遵循公平原则，合理确定各方的权利和义务。

第七条 民事主体从事民事活动，应当遵循诚信原则，秉持诚实，恪守承诺。

第五百零九条 当事人应当按照约定全面履行自己的义务。

当事人应当遵循诚信原则，根据合同的性质、目的和交易习惯履行通知、协助、保密等义务。

当事人在履行合同过程中，应当避免浪费资源、污染环境和破坏生态。

第五百一十条 合同生效后，当事人就质量、价款或者报酬、履行地点等内容没有约定或者约定不明确的，可以协议补充；不能达成补充协议的，按照合同相关条款或者交易习惯确定。

第五百一十一条 当事人就有关合同内容约定不明确，依据前条规定仍不能确定的，适用下列规定：

（一）质量要求不明确的，按照强制性国家标准履行；没有强制性国家标准的，按照推荐性国家标准履行；没有推荐性国家标准的，按照行业标准履行；没有国家标准、行业标准的，按照通常标准或者符合合同目的的特定标准履行。

（二）价款或者报酬不明确的，按照订立合同时履行地的市场价格履行；依法应当执行政府定价或者政府指导价的，依照规定履行。

（三）履行地点不明确，给付货币的，在接受货币一方所在地履行；交付不动产的，在不动产所在地履行；其他标的，在履行义务一方所在地履行。

（四）履行期限不明确的，债务人可以随时履行，债权人也可以随时请求履行，但是应当给对方必要的准备时间。

（五）履行方式不明确的，按照有利于实现合同目的的方式履行。

（六）履行费用的负担不明确的，由履行义务一方负担；因债权人原因增加的履行费用，由债权人负担。

4. 旅客在酒店内遭人殴打，酒店应否承担赔偿责任？

【维权要点】

消费者因购买、使用商品或者接受服务受到人身、财产损害的，享有依法获得赔偿的权利。

【典型案例】

谢某到某风景区旅游期间，于 2022 年 4 月 12 日，在某酒店登记住宿。当晚 11 时许，谢某从外面返回酒店，在该店 4 楼走廊里遇到 4 名不明身份的男子，其中一男子对其进行调戏、殴打，致其人身受到伤害。在谢某遭受殴打的过程中，有数人进行围观，其中有该酒店的保安人员及服务人员。尽管谢某大声呼救，却无人出面制止。事后，4 名男子扬长而去。谢某被打后去医院治疗，其伤情经医院诊断为：头部外伤综合征，腹部及四肢多处软组织挫伤。谢某因向酒店索赔无果，遂起诉到人民法院。

【法官讲法】

这是一起消费者状告提供住宿服务的服务者不履行保护顾客人身安全法定义务，致使其人身受到伤害而要求服务者给予赔偿的案件。本案在审理中应明确以下几个问题。

第一，某酒店方作为经营者，对住店顾客负有保障其人身和财产安全的责任。谢某在某酒店处登记住宿，接受某酒店提供的有偿服务，是一种消费行为。某酒店是提供住宿服务的经营者。消费者权益保护法第 7 条规定："消费者在购买、使用商品和接受服务时享有人身、财产安全不受损害的权利。消费者有权要求经营者提供的商品和服务，符合保障人身、财产安全的要求。"因此，谢某作为消费者依法享有在某酒店处的人身和财产安全不受损害的权利，某酒店作为经营者即负有依法保障顾客人身和财产安全的义务。为了保障住店顾客的人身和财产安全，某酒店应有完善的管理措施，明确其保安部门的职责，并要保证其职能部门依法履行其义务。在本案谢某遭受不明身份的人调戏、殴打时，某酒店的保安人员应迅速采取有效措施制止。

第二，某酒店因未能履行其法定义务，致使谢某人身受到伤害，应承担赔偿责任。消费者权益保护法第40条第3款规定："消费者在接受服务时，其合法权益受到损害的，可以向服务者要求赔偿。"在本案中，某酒店的保安人员在谢某遭他人殴打时，有义务也有条件履行其法定义务，却在一旁围观，其不作为的行为违反了法律要求其作为的规定，致使谢某合法权益受到不应有的损害，某酒店应对此承担民事赔偿责任。

本案中，经营者在专门配备有保安人员的情况下，其向住宿客人提供服务中就包括有正常的保安服务，保安服务的范围应是保安人员力所能及的范围。如本案发生的情况，谢某在遭人殴打时，某酒店的保安人员在场，制止这种非法侵害他人生命健康的行为，在保安人员力所能及的范围。在这种情况下，保安人员应积极作为，而某酒店的保安人员却不作为，有悖于其法定职责，故本案某酒店未尽到保障消费者人身安全的义务，即应对产生的后果承担法律责任。这是本案所揭示的最具法律意义的一点。

在本案这种情况下，谢某既可向直接加害人请求赔偿，也可向本案作为经营者的某酒店请求赔偿，向其中一方行使请求权并使其实际损失得到实际赔偿的情况下，就消灭了向其中另一方的请求权。但在这里，直接加害人与作为经营者的某酒店之间的关系难以用共同侵权的连带责任理论来解释。因为连带责任是因违反连带义务或者共同实施侵权行为而产生的责任。同时，共同侵权应是对受害人的同一种权利所实施的行为，而本案直接加害人侵害的是谢某的生命健康权，某酒店侵害的是谢某享有的接受服务时人身安全不受损害的权利，前一种权利为绝对权，后一种权利为相对权。绝对权和相对权是以民事权利的效力范围为标准划分的。绝对权是指无须通过义务人实施一定的行为即可实现，并可以对抗不特定人的权利。相对权是指必须通过义务人实施一定的行为才能实现，仅可对抗特定的人的权利。同时，直接加害人应对自己的侵权行为承担全部赔偿责任，不存在和本案某酒店分担的问题；某酒店也应对其不履行法定义务的行为造成的后果承担全部的赔偿责任，但在承担后可向直接加害人追索自己不应承担的部分。这是本案所揭示的另一个具有研究价值的法律问题。

【法条指引】

中华人民共和国民法典

第一百二十条　民事权益受到侵害的，被侵权人有权请求侵权人承担侵权责任。

第一千一百七十九条　侵害他人造成人身损害的，应当赔偿医疗费、护理费、交通费、营养费、住院伙食补助费等为治疗和康复支出的合理费用，以及因误工减少的收入。造成残疾的，还应当赔偿辅助器具费和残疾赔偿金；造成死亡的，还应当赔偿丧葬费和死亡赔偿金。

中华人民共和国消费者权益保护法

第六条　保护消费者的合法权益是全社会的共同责任。

国家鼓励、支持一切组织和个人对损害消费者合法权益的行为进行社会监督。

大众传播媒介应当做好维护消费者合法权益的宣传，对损害消费者合法权益的行为进行舆论监督。

第七条　消费者在购买、使用商品和接受服务时享有人身、财产安全不受损害的权利。

消费者有权要求经营者提供的商品和服务，符合保障人身、财产安全的要求。

第十一条　消费者因购买、使用商品或者接受服务受到人身、财产损害的，享有依法获得赔偿的权利。

第四十条　消费者在购买、使用商品时，其合法权益受到损害的，可以向销售者要求赔偿。销售者赔偿后，属于生产者的责任或者属于向销售者提供商品的其他销售者的责任的，销售者有权向生产者或者其他销售者追偿。

消费者或者其他受害人因商品缺陷造成人身、财产损害的，可以向销售者要求赔偿，也可以向生产者要求赔偿。属于生产者责任的，销售者赔偿后，有权向生产者追偿。属于销售者责任的，生产者赔偿后，有权向销售者追偿。

消费者在接受服务时，其合法权益受到损害的，可以向服务者要求赔偿。

5. 旅客不满意住宿条件，退房后能否要求赔偿？

【维权要点】

消费者享有自主选择商品或者服务的权利。消费者有权自主选择提供商品或者服务的经营者，自主选择商品品种或者服务方式，自主决定购买或者不购买任何一种商品、接受或者不接受任何一项服务。消费者在自主选择商品或者服务时，有权进行比较、鉴别和挑选。

【典型案例】

2021 年 6 月 28 日，李某等一行 4 人冒着酷暑来甲市旅游，下午 2 点 40 分下榻于甲市某宾馆，住进了带中央空调的 506、507 号房间，计标准房价 360 元。住进去之后 15 分钟左右，李某没有感觉到空调效果，反而有一种越来越热的感觉。于是，李某等一行 4 人以没有空调为由要求退房，但该宾馆以开门收半价为由，收了李某等 4 人的住宿费 180 元。对此，李某等人不服，于当日下午 5 时向消费者协会投诉。消费者协会受理投诉后，立即派人去该宾馆调查，并与双方人员一同到 506、507 号房间进行查看，发现确有空调，同时到另一房间询问一外地顾客，也证实从下午 1 点到 5 点多钟一直有冷气。李某辩之："现在开空调是事实，但当时 15 分钟内确实没有空调效果也是事实，我们绝不会无理取闹，这一官司我们会打到底。"于是李某一行 4 人与宾馆发生争执。

【法官讲法】

消费者的选择权是指消费者在面临众多的商品和服务提供者时，自主选择商品和服务的权利。

消费者选择权包括：消费者可以自主选择提供商品或者服务的经营者；自主选择商品品种或者服务的方式；自主决定购买或者不购买任何一

种商品，接受或者不接受任何一项服务；消费者在自主选择商品或者接受服务时有权进行比较、鉴别和挑选。

其中，一是选择经营者权，即消费者选择自己的交易对象的行为，只要符合我国法律的规定，就不受限制。在现实生活中，一些行政性垄断行业组织和一些行政主管部门以行业性规定限制消费者必须购买自己的商品。在反不正当竞争法中有关规定明确禁止了这类行为。二是消费者选择商品品种或者服务方式的权利，指消费者有权依自己的经济情况、兴趣爱好决定自己将购买、使用的商品或者接受的服务。在同种类商品存在多种品牌，存在不同档次时，消费者可以自主选择决定。这其实也与交易中应遵循意思自治原则息息相关。只不过是这一原则在消费者权益保护方面的表现而已。在消费者进行挑选商品时，其权利行使的方式，经营者不得干涉。并且，经营者在销售商品时，违背销售者的真实意思而强行搭售另一种商品也为法律所禁止。三是自主决定购买或者不购买任何一种商品、接受或者不接受任何一种服务的权利，这是指消费者的选择范围不受限制，经营者对其不得进行干涉和阻挠。在一般消费者看来，这项权利在现实生活中有时难以实现。比如有饭店规定，本店只接受在最低消费水平以上的服务。这种规定实际是对消费者权益的侵犯。消费者只有充分知悉自己的权利的内容，方能理直气壮地行使之。四是对商品或者服务进行比较、鉴别和挑选权。消费者对商品或者服务只有通过比较、鉴别、挑选，才能充分了解商品和服务的真实情况，从这一角度而言，这是消费者知情权的自然延伸，只有这样才能获得自己真正满意的商品或者服务。经营者应当正视消费者的这一权利的行使，顺应消费者挑选、比较商品的消费心理，协助消费者完成这一重要权利的行使。

本案主要涉及消费者依法选择服务的权利。李某退房的理由是没有空调，但经消费者协会与双方共同现场查看，证实是有空调，并且李某也无证据证明所提出的当时15分钟内没有空调效果的情况。因此，经营者对消费者不构成欺诈行为。同时，消费者协会针对李某提出的宾馆开门就收半价有没有依据这一问题进行调查，经过询问物价部门，证实宾馆开门就收半价既没有依据也没有惯例。根据消费者权益保护法有关规定，消费者有权向本案作为经营者的某宾馆请求赔偿，退还房款。

【法条指引】

中华人民共和国消费者权益保护法

第九条 消费者享有自主选择商品或者服务的权利。

消费者有权自主选择提供商品或者服务的经营者，自主选择商品品种或者服务方式，自主决定购买或者不购买任何一种商品、接受或者不接受任何一项服务。

消费者在自主选择商品或者服务时，有权进行比较、鉴别和挑选。

中华人民共和国反不正当竞争法

第二条 经营者在生产经营活动中，应当遵循自愿、平等、公平、诚信的原则，遵守法律和商业道德。

本法所称的不正当竞争行为，是指经营者在生产经营活动中，违反本法规定，扰乱市场竞争秩序，损害其他经营者或者消费者的合法权益的行为。

本法所称的经营者，是指从事商品生产、经营或者提供服务（以下所称商品包括服务）的自然人、法人和非法人组织。

第四章　购物消费权益保护

1. 商店告示“酬宾销售，概不退货”，消费者购物后发现假货能否要求退换?

【维权要点】

消费者享有公平交易的权利。消费者在购买商品或者接受服务时，有权获得质量保障、价格合理、计量正确等公平交易条件，有权拒绝经营者的强制交易行为。

【典型案例】

2021 年 5 月 12 日，陈某到某旅游景点旅游，去某皮包专卖店欲买一皮包。经过挑选、比较和讨价还价，最终以 1560 元的价格买下一个坤包。经营者在该包的标签上标明：“蛇皮坤包，上海，2488 元。”陈某买了此包后，旅行社的同伴告诉他：“该包非蛇皮原料，价格又太高，最好退掉。”陈某于是与该同伴一起去退包。但经营者指着一张上面写着“酬宾销售，概不退货”的告示告诉他们，这已经是明确规定了的，所以不能退货。消费者于是与经营者发生了争执。

【法官讲法】

本案中，“酬宾销售，概不退货”是典型的格式合同和店堂声明。就本案中的情况，此格式合同和店堂声明是一种“不平等条约”。“不平等条约”是对经营者单方作出的格式合同、通知、声明、店堂告示等的通俗称谓。这些行为侵害了消费者的合法权益，使消费者的自主选择权、依法求偿权和知悉真情权受到了侵害。

为了保护消费者的合法权益，相关法律对格式合同等内容作了如下规定：(1) 不得作出对消费者不公平、不合理的规定。在消费法律关系中，经营者与消费者的法律地位是平等的。双方签订合同应该是出于自愿、公平，并且意思表示真实、合法，不能把自己的意志强加给对方，甚至坑害对方。如果格式合同的内容与消费者的意志相违背，即视为不公平、不合理。也就是说，衡量不公平、不合理的标准，主要是自愿、平等、公平、诚实信用的原则，凡符合此标准的即为合理、公平。(2) 不得减轻、免除其损害消费者的合法权益应当承担的民事责任。不得损害消费者的合法权益，这是基本原则之一。凡损害消费者合法权益的，应受到法律的制裁。对于消费者而言，其合法权益得到补救和赔偿的最有效方式，是使经营者承担相应的民事责任。这种民事责任，除法律规定外，不得任意减轻或免除。如果经营者通过格式合同等方式减轻或免除自身的责任，则是对法律精神的直接违反。

由上述分析可以看出，格式合同内容不得与消费者的权利相对抗，也就是说，不得排除和限制消费者的权利。经营者在向消费者售出其商品或者服务时，应向消费者提供真实的情况。经营者所提供的有关商品或者服务的信息不真实，或者因其引人误解的宣传而使消费者接受该商品或者服务，消费者可以主张彼此的交易无效。凡与消费者的权利相对抗的，即属于禁止之列。根据民法典和消费者权益保护法的规定，这些格式合同、声明、通知、店堂告示等均是无效的，对消费者不产生任何法律效力。消费者可以理直气壮、大胆地说“不”。

在本案中，“酬宾销售，概不退货”是典型的格式合同和店堂声明，严重侵犯了消费者的自主选择权、知悉真情权和公平交易权。公平原则是民法的一项基本原则，获得公平交易条件是消费者的法定权利和核心权利之一。因此，根据法律的规定，该声明应属无效，对消费者不产生任何法律效力。消费者要求退货是完全符合法律规定的，是完全正确的。经营者应无条件满足消费者的要求，退货或者更换一个价格相当的皮包。

【法条指引】

中华人民共和国民法典

第四百九十六条　格式条款是当事人为了重复使用而预先拟定，并在订立合同时未与对方协商的条款。

采用格式条款订立合同的，提供格式条款的一方应当遵循公平原则确定当事人之间的权利和义务，并采取合理的方式提示对方注意免除或者减轻其责任等与对方有重大利害关系的条款，按照对方的要求，对该条款予以说明。提供格式条款的一方未履行提示或者说明义务，致使对方没有注意或者理解与其有重大利害关系的条款的，对方可以主张该条款不成为合同的内容。

第四百九十七条 有下列情形之一的，该格式条款无效：

（一）具有本法第一编第六章第三节和本法第五百零六条规定的无效情形；

（二）提供格式条款一方不合理地免除或者减轻其责任、加重对方责任、限制对方主要权利；

（三）提供格式条款一方排除对方主要权利。

第四百九十八条 对格式条款的理解发生争议的，应当按照通常理解予以解释。对格式条款有两种以上解释的，应当作出不利于提供格式条款一方的解释。格式条款和非格式条款不一致的，应当采用非格式条款。

中华人民共和国消费者权益保护法

第十条 消费者享有公平交易的权利。

消费者在购买商品或者接受服务时，有权获得质量保障、价格合理、计量正确等公平交易条件，有权拒绝经营者的强制交易行为。

第十一条 消费者因购买、使用商品或者接受服务受到人身、财产损害的，享有依法获得赔偿的权利。

2. 消费者抄价格遭致殴打，商家应当承担哪些责任？

【维权要点】

消费者享有自主选择商品或者服务的权利。消费者有权自主选择提供商品或者服务的经营者，自主选择商品品种或者服务方式，自主决定购买或者不购买任何一种商品、接受或者不接受任何一项服务。消费者在自主选择商品或者服务时，有权进行比较、鉴别和挑选。

【典型案例】

张某去重庆旅游，回家时在某超市准备购买一块香皂，但发现其标价与自己平时购买的价格不同，遂掏出纸笔将标价抄录下来以便回家比较。张某此举当即遭几个超市保安员的制止，并被要求交出抄了价格的纸条。张某不同意，于是双方争执起来，据现场目击者彭先生说，张某应保安员要求交出纸条后被带往办公室，途中几名保安员动手打了他。事发后，该超市有关负责人主张张某违反了商场“严禁抄写商品价格”的规定，侵犯了商场的“商业秘密”。该超市有关负责人声称，商场的规定为“商场内严禁照相、摄像及抄写价格。”

【法官讲法】

首先，“货比三家”是消费者最基本的购物常识，其目的是为了买到物美价廉的商品。“货比三家”有两个重要的参考标准，即价格与质量。现在市场上同一品牌、规格的商品在不同档次的商场，会有完全不同的价格，甚至相同的商品差几十元、几百元。以电器为例，其功能、规格、外形等各方面划分得很细致，反映在价格上就有较大的差异。作为工薪族的一般消费者，为了寻求商品价格与性能的最佳配置，不得不把这些复杂的规格、价格抄录下来，再进行比较分析，作出最后选择。从情理上看，这完全是合情合理的。有些消费者抄录价格是为了防止被超市多收款。现在越来越多的工薪族喜欢在周末逛超市，一次买足一周所需的日用品。然而，有些超市商品只有条形码，却没有标签，结账时容易被多收款，所以抄录价格就很有必要了。

事实上，北京的大部分大中型商场超市均不阻拦顾客抄录价格。商场负责人大多认为，价格是公示公开的，对同行均无秘密可言。消费者抄与不抄是个人自由，商场怎能干涉呢？而每家商场都希望更多的消费者了解自己，消费者抄写价格就有可能为商场作免费宣传，怎能不欢迎反而拒绝呢？若是将公开的价格视为秘密，那么，顾客将其悄悄记在心里，这与货比三家实际意义上又有什么区别呢？

其次，消费者享有知悉真情权，经营者不得以格式合同、店堂告示等方式予以排除。消费者权益保护法第 8 条规定：“消费者享有知悉其购买、使用的商品或者接受的服务的真实情况的权利。消费者有权根据商品或者服务的不同情况，要求经营者提供商品的价格、产地、生产者、用途、性能、规格、等级、主要成份、生产日期、有效期限、检验合格证明、使用方法说明书、售后服务，或者服务的内容、规格、费用等有关情况。”对于何谓消费者，消费者权益保护法第2条作了一个界定：“消费者为生活消费需要购买、使用商品或者接受服务，其权益受本法保护；本法未作规定的，受其他有关法律、法规保护。”第26条规定：“经营者在经营活动中使用格式条款的，应当以显著方式提请消费者注意商品或者服务的数量和质量、价款或者费用、履行期限和方式、安全注意事项和风险警示、售后服务、民事责任等与消费者有重大利害关系的内容，并按照消费者的要求予以说明。经营者不得以格式条款、通知、声明、店堂告示等方式，作出排除或者限制消费者权利、减轻或者免除经营者责任、加重消费者责任等对消费者不公平、不合理的规定，不得利用格式条款并借助技术手段强制交易。格式条款、通知、声明、店堂告示等含有前款所列内容的，其内容无效。”由此可见，商家的“禁止抄写价格”的规定因为排除了消费者的主要权利，所以不具有任何法律效力。

本案中，消费者张某没有义务遵守商家无效的店堂告示，其抄写价格的行为也不构成对商业秘密的侵犯。因此商家的主张是无效的。另外，商家殴打顾客的行为也是违法的。因为消费者在购买、使用商品和接受服务时享有人身、财产安全不受损害的权利。商家殴打消费者，侵犯了其人身权利，因此必须赔礼道歉，并赔偿损失。

【法条指引】

中华人民共和国消费者权益保护法

第二条　消费者为生活消费需要购买、使用商品或者接受服务，其权益受本法保护；本法未作规定的，受其他有关法律、法规保护。

第六条　保护消费者的合法权益是全社会的共同责任。

国家鼓励、支持一切组织和个人对损害消费者合法权益的行为进行社会监督。

大众传播媒介应当做好维护消费者合法权益的宣传，对损害消费者合法权益的行为进行舆论监督。

第八条　消费者享有知悉其购买、使用的商品或者接受的服务的真实情况的权利。

消费者有权根据商品或者服务的不同情况，要求经营者提供商品的价格、产地、生产者、用途、性能、规格、等级、主要成份、生产日期、有效期限、检验合格证明、使用方法说明书、售后服务，或者服务的内容、规格、费用等有关情况。

第九条 消费者享有自主选择商品或者服务的权利。

消费者有权自主选择提供商品或者服务的经营者，自主选择商品品种或者服务方式，自主决定购买或者不购买任何一种商品、接受或者不接受任何一项服务。

消费者在自主选择商品或者服务时，有权进行比较、鉴别和挑选。

第十条 消费者享有公平交易的权利。

消费者在购买商品或者接受服务时，有权获得质量保障、价格合理、计量正确等公平交易条件，有权拒绝经营者的强制交易行为。

第二十六条 经营者在经营活动中使用格式条款的，应当以显著方式提请消费者注意商品或者服务的数量和质量、价款或者费用、履行期限和方式、安全注意事项和风险警示、售后服务、民事责任等与消费者有重大利害关系的内容，并按照消费者的要求予以说明。

经营者不得以格式条款、通知、声明、店堂告示等方式，作出排除或者限制消费者权利、减轻或者免除经营者责任、加重消费者责任等对消费者不公平、不合理的规定，不得利用格式条款并借助技术手段强制交易。

格式条款、通知、声明、店堂告示等含有前款所列内容的，其内容无效。

3. 超市对顾客进行搜身，应否承担精神损害赔偿责任？

【维权要点】

消费者在购买、使用商品和接受服务时，享有人格尊严、民族风俗习惯得到尊重的权利，享有个人信息依法得到保护的权利。

【典型案例】

女大学生王某到某公园旅游回来的途中，在某超市购物付款后，由于该超市收银员的疏忽，未将王某所购物品消磁，以致王某在离店时该店电子报警装置铃声大作。该超市保安人员立即将王某的包及电脑结账单索要至结账处检查。值班经理在未查明事实的情况下，将王某拉到办公室，结果造成群众围观、误解。在该超市办公室，王某被强行搜身，并滞留了几个小时。在搜不出任何物品的情况下，超市工作人员不得不将王某放走。但王某的身心受到极大伤害，连夜赶往医院就诊。

王某向某超市提出赔礼道歉，赔偿医疗费、交通费等损失的请求，并要求赔偿精神损失费25万元。然而，双方始终未能就赔偿数额达成协议，于是王某向人民法院提起民事诉讼。

【法官讲法】

本案是一起典型的超市购物中因超市工作人员非法搜身而引起的侵权赔偿案。本案中，由于超市工作人员的过失，未将王某所购物品消磁，导致电子报警装置振响，在未从包中检查出任何东西的情况下，又不问清缘由，将王某带至办公室强行搜身。超市方面的行为已构成对王某的侵权。所谓侵权行为，是指行为人由于过错侵害他人的财产权和人身权，依法应当承担民事责任的不法行为，以及依法律特别规定应当承担民事责任的其他侵权行为。

消费者权益保护法第11条规定："消费者因购买、使用商品或者接受服务受到人身、财产损害的，享有依法获得赔偿的权利。"本案中，超市的行为使王某受到身心伤害，理应赔偿损失，包括财产损失和精神损失。其中关于财产损失部分，即医疗费、交通费的承担，由于消费者权益保护法第49条有明文规定，因此超市对此损失必须赔偿。下面主要讨论精神损失赔偿部分。

消费者权益保护法第14条规定："消费者在购买、使用商品和接受服务时，享有人格尊严、民族风俗习惯得到尊重的权利，享有个人信息依法得到保护的权利。"第27条规定："经营者不得对消费者进行侮辱、诽谤，不得搜查消费者的身体及其携带的物品，不得侵犯消费者的人身自由。"第50条规定："经营者侵害消费者的人格尊严、侵犯消费者人身自由或者侵害消费者个人信息依法得到保护的权利的，应当停止侵害、恢复名誉、消除影响、赔礼道歉，并赔偿损失。"从以上规定可知，消费者权益保护法已建立起一套精神损害赔偿制度，精神损害赔偿仅适用于侵害消费者人身权的行为，包括对消费者进行侮辱、诽谤，搜查消费者的身体及其携带的物品、限制消费者的人身自由。但是，相关法律未对精神损害赔偿数额作出明确规定，只能由法官根据基本原则进行“自由裁量”。

在王某诉某超市案中，纠纷是由超市未将王某所购物品消磁引起的，超市方面在公众场合检查王某的包并将其带至办公室强行搜身，使其长时间滞留，可以说是过错严重、情节恶劣，严重侵犯了王某的人格尊严和人身自由，使王某的精神受到严重损害。因此，本案中应对某超市处以较高数额的精神损害赔偿。

【法条指引】

中华人民共和国民法典

第九百九十条 人格权是民事主体享有的生命权、身体权、健康权、姓名权、名称权、肖像权、名誉权、荣誉权、隐私权等权利。

除前款规定的人格权外，自然人享有基于人身自由、人格尊严产生的其他人格权益。

第一千条 行为人因侵害人格权承担消除影响、恢复名誉、赔礼道歉等民事责任的，应当与行为的具体方式和造成的影响范围相当。

行为人拒不承担前款规定的民事责任的，人民法院可以采取在报刊、网络等媒体上发布公告或者公布生效裁判文书等方式执行，产生的费用由行为人负担。

中华人民共和国消费者权益保护法

第十一条 消费者因购买、使用商品或者接受服务受到人身、财产损害的，享有依法获得赔偿的权利。

第十四条 消费者在购买、使用商品和接受服务时，享有人格尊严、民族风俗习惯得到尊重的权利，享有个人信息依法得到保护的权利。

第二十七条 经营者不得对消费者进行侮辱、诽谤，不得搜查消费者的身体及其携带的物品，不得侵犯消费者的人身自由。

第四十九条 经营者提供商品或者服务，造成消费者或者其他受害人人身伤害的，应当赔偿医疗费、护理费、交通费等为治疗和康复支出的合理费用，以及因误工减少的收入。造成残疾的，还应当赔偿残疾生活辅助具费和残疾赔偿金。造成死亡的，还应当赔偿丧葬费和死亡赔偿金。

第五十条　经营者侵害消费者的人格尊严、侵犯消费者人身自由或者侵害消费者个人信息依法得到保护的权利的，应当停止侵害、恢复名誉、消除影响、赔礼道歉，并赔偿损失。

4. 商店出售过期食品，应否加倍赔偿？

【维权要点】

经营者提供商品或者服务有欺诈行为的，应当按照消费者的要求增加赔偿其受到的损失。

【典型案例】

吴某于2021年3月20日到某公园旅游，在某烟酒食品处购买五香牛肉干和沙嗲牛肉干各10盒，同月23日，又在该处购买上述两种牛肉干各15盒，共计50盒。其中，五香牛肉干单价为11.5元，沙嗲牛肉干单价为12元，共计587.5元。该牛肉干包装盒所标注的生产日期为2020年8月3日，保质期6个月，即吴某购买之日，该食品已超过保质期1个月有余。同年4月，吴某曾与他人就在此处所购买的价值235元的上述牛肉干向某烟酒食品处索赔，某烟酒食品处退款并双倍赔偿共计739元。嗣后不久，吴某又就3月20日、23日两次所购买的牛肉干向某烟酒食品处索赔，要求赔偿，因协商未果，吴某遂诉至人民法院要求退还货款并双倍赔偿。

吴某提出要求某烟酒食品处承担的其他损失有：交通费39元，其中公共汽车发票3张，共6元，系吴某与其他二位同志共同前往某烟酒食品处所花费用，出租车发票2张，共33元；诉状费3元，有法院依据；复印费2.6元，有发票；法律咨询费60元，无发票；误工费80元，电话费10元，均无相关证据。

某烟酒食品处辩称：我们确实因经营管理不善，两次出售过期食品给吴某。但是吴某购买牛肉干是以加倍赔偿为目的，并不是生活消费需要，故不是《中华人民共和国消费者权益保护法》所保护的消费者，不应获得加倍赔偿，只同意退货，并承担适当损失。

【法官讲法】

本案中，吴某是否以营利为目的，并不妨碍其作为一名公民行使法律赋予的权利。而且，某烟酒食品处也无法充分证明吴某以营利为目的而购买该过期食品，故吴某应为受消费者权益保护法保护的消费者。某烟酒食品处出售过期食品显然是一种违法行为，某烟酒食品处应承担退还货款的责任。根据消费者权益保护法第55条的规定，属于惩罚性条款，在某烟酒食品处有欺诈行为的前提下，吴某要求增加赔偿的请求应予以支持。

首先，吴某应为受消费者权益保护法保护的消费者。依照该法第2条之规定，消费者为生活消费需要购买、使用商品或者接受服务，其权益受本法保护。就本案而言，某烟酒食品处认为吴某系出于营利的目的购买商品，不应为消费者，根据“谁主张，谁举证”的原则，某烟酒食品处对其主张应负举证责任。但某烟酒食品处并无充足证据证明自己的主张。我国消费者权益保护法第6条第2款规定：“国家鼓励、支持一切组织和个人对损害消费者合法权益的行为进行社会监督。”第15条第1款规定：“消费者享有对商品和服务以及保护消费者权益工作进行监督的权利。”本案吴某作为一名公民，有权对市场进行监督，有权利用自己手中的法律武器打击违法行为，而且，在当前一些职能部门尚不能严格管理的情况下，吴某的这种行为对社会具有一定的积极意义，故对于吴某的行为法律应予以支持。

其次，某烟酒食品处销售超过保质期的食品，应对该行为负法律责任。吴某购买超过有效期的食品，虽然该食品的瑕疵是显而易见的，但是，吴某并不因此而丧失请求赔偿的权利，只要在法律规定的期限内提出即可。我国消费者权益保护法的着眼点在于严惩损害消费者权益的行为，重点强调了商品的生产者、销售者的责任。吴某先后两次购买了某烟酒食品处销售的牛肉干，均为过期食品，并在其后为他人购买的该过期食品向某烟酒食品处索赔，获得了退款和双倍赔偿，进而又为自己所购过期食品向某烟酒食品处索赔，故某烟酒食品处认为吴某是以加倍赔偿为目的而购买该食品，不是为了生活消费需要，不属于消费者权益保护法所保护的消费者。此理由正是社会上一切拒绝向“打假者”加倍赔偿的经营者所持的理由。

本案中还有一个问题，即经营者销售过期食品是否构成欺诈。构成欺诈行为必须具备以下三个条件：其一，一方有欺诈的故意。其二，一方欺诈的目的是使对方实施民事法律行为。其三，对方当事人因受欺诈才作出错误的意思表示。在这里，经营者不能以产品包装上标有保质期和生产日期为理由来推卸自己的责任。因为，依照食品安全法的有关规定，超过保质期的食品是被禁止经营的，这表明经营者负有不向消费者出售过期食品的法定义务。经营者只要没有以特别说明的方式公告于众，而将超过保质期的食品按正常方式销售，就具有欺骗、误导消费者的性质，应承担欺诈的法律责任。据此，某烟酒食品处销售法律明令禁止销售的食品，且不能证明自己的行为确非欺骗或误导消费者而实施，其行为已构成欺诈，故某烟酒食品处应依法承担增加赔偿吴某所受到的损失的责任。吴某要求某烟酒食品处赔偿的其他损失，应根据实际情况确定：吴某乘坐出租车无正当理由，实属不必要；吴某所要求的6元公交汽车费中，仅有2元为其乘车所需，故吴某要求的交通费中，只认定2元，其他37元不予支持。诉状费3元，复印费2.6元，均为实际所需，故应予认定。误工费80元，电话费10元，法律咨询费60元，因无证据，不予认定。

【法条指引】

中华人民共和国民法典

第三条 民事主体的人身权利、财产权利以及其他合法权益受法律保护，任何组织或者个人不得侵犯。

中华人民共和国消费者权益保护法

第四十条 消费者在购买、使用商品时，其合法权益受到损害的，可以向销售者要求赔偿。销售者赔偿后，属于生产者的责任或者属于向销售者提供商品的其他销售者的责任的，销售者有权向生产者或者其他销售者追偿。

消费者或者其他受害人因商品缺陷造成人身、财产损害的，可以向销售者要求赔偿，也可以向生产者要求赔偿。属于生产者责任的，销售者赔偿后，有权向生产者追偿。属于销售者责任的，生产者赔偿后，有权向销售者追偿。

消费者在接受服务时，其合法权益受到损害的，可以向服务者要求赔偿。

第五十五条 经营者提供商品或者服务有欺诈行为的，应当按照消费者的要求增加赔偿其受到的损失，增加赔偿的金额为消费者购买商品的价款或者接受服务的费用的三倍；增加赔偿的金额不足五百元的，为五百元。法律另有规定的，依照其规定。

经营者明知商品或者服务存在缺陷，仍然向消费者提供，造成消费者或者其他受害人死亡或者健康严重损害的，受害人有权要求经营者依照本法第四十九条、第五十一条等法律规定赔偿损失，并有权要求所受损失二倍以下的惩罚性赔偿。

5. 新购相机出现故障导致没有曝光，消费者应当如何索赔?

【维权要点】

经营者提供商品或者服务有欺诈行为的，应当按照消费者的要求增加赔偿其受到的损失。

【典型案例】

2014 年 8 月 18 日，马女士在某商厦相机柜台以 1650 元的价格购买一台照相机，当时售货员保证说相机是日本原装货。但是马女士把相机带回家后很快发现相机存在三个问题，尤其是第三个问题——相机快门打不开。第二天，经过交涉，商厦维修人员解决了前两个问题，但对第三个问题说是“速度太快看不清”。9 月 20 日至 9 月 30 日，马女士作为某市的少数民族代表参加了系列庆祝活动，并用该相机进行了拍照。然而，相机里的两卷胶卷冲洗后是一片空白。彩扩店的技术人员解释说，这两卷胶卷根本就没有曝光。10 月 5 日，马女士到某商厦，要求双倍赔偿，并给予适当精神赔偿。商厦答复认为，相机是广东生产的，不是假货，不能双倍赔偿，精神损失予以补偿 200 元。马女士认为，其在购买相机时，售货人员说相机是日本产的原装货，维修人员也告之是日本原装货，但在纠纷寻求解决时却声称是广东生产的，构成欺诈。而且，其拍摄的全国少数民族大联欢，民运会主场开幕式等许多珍贵镜头都因相机原因而丧失了，使其精神上遭受严重伤害。为此，马女士要求某商厦赔偿精神损失费 1 万元，财产损失 5500 元，共计 1.55 万元。

【法官讲法】

关于欺诈，我国民法典、消费者权益保护法等都作了规定。构成欺诈，对于实施欺诈行为的主体而言，其表现方式有两种：故意告知对方虚假情况，故意隐瞒真实情况。某一行为符合上述情形，则构成欺诈。在本案中，被告的工作人员（售货员、维修工）皆告知马女士其购买的相机是日本原装的。对于专业销售、维修人员而言，不可能不知相机真实的原产地，因此，可以认定其故意告知对方虚假情况，马女士在得到保证的情况下，误认为该相机的原产地一定是日本。因而，某商厦构成欺诈，毫无疑问。

对于欺诈行为的法律后果，消费者权益保护法第 55 条第 1 款作了规定："经营者提供商品或者服务有欺诈行为的，应当按照消费者的要求增加赔偿其受到的损失，增加赔偿的金额为消费者购买商品的价款或者接受服务的费用的三倍；增加赔偿的金额不足五百元的，为五百元。法律另有规定的，依照其规定。"之所以如此规定，是考虑到在消费法律关系中，消费者处于相对弱者的地位，为了更好保护弱者的利益，法律规定了惩罚性赔偿。因此，我们认为，本案某商厦的行为构成欺诈，应当按消费者权益保护法的相关规定，按照消费者的要求承担赔偿责任。

【法条指引】

中华人民共和国消费者权益保护法

第五十五条　经营者提供商品或者服务有欺诈行为的，应当按照消费者的要求增加赔偿其受到的损失，增加赔偿的金额为消费者购买商品的价款或者接受服务的费用的三倍；增加赔偿的金额不足五百元的，为五百元。法律另有规定的，依照其规定。

经营者明知商品或者服务存在缺陷，仍然向消费者提供，造成消费者或者其他受害人死亡或者健康严重损害的，受害人有权要求经营者依照本法第四十九条、第五十一条等法律规定赔偿损失，并有权要求所受损失二倍以下的惩罚性赔偿。

6. 在火车站购票被要求必须附带购买人身保险，能否要求赔偿?

【维权要点】

消费者享有公平交易的权利。消费者在购买商品或者接受服务时，有权获得质量保障、价格合理、计量正确等公平交易条件，有权拒绝经营者的强制交易行为。

【典型案例】

2021 年 4 月 28 日，邓某在 A 市火车站买票时，售票员要求买车票必须买人身保险，否则不卖车票。邓某要求售票员作出解释。售票员说，这是车站的规定，为了旅客好，买车票必须买人身保险，否则不卖车票。而且其他旅客也都买了人身保险，有意见可以找站长反映。邓某见时间较充裕，就找车站站长反映情况，结果站长不在，其他领导又相互推诿。邓某无奈，只得买了人身保险以便乘当天的火车及时赶回家。6 月 6 日，邓某回到 A 市并向市消费者协会进行投诉，要求车站公开赔礼道歉、赔偿自己因此而受到的损失，并立即停止这种恶劣做法。

【法官讲法】

本案涉及消费者的公平交易权问题。我国消费者权益保护法第 4 条规定:“经营者与消费者进行交易，应当遵循自愿、平等、公平、诚实信用的原则。”本案中，火车站作为提供运输服务的当事人，虽然自身经济实力比较强大，但与作为弱者的旅客个人处于平等的地位。因此双方进行交易时，也必须遵循自愿原则。火车站不应违反旅客个人意愿，为其提供不满意不接受的服务。对此，消费者权益保护法第 9 条作出了较为明确具体的规定:“消费者享有自主选择商品或者服务的权利。消费者有权自主选择提供商品或者服务的经营者，自主选择商品品种或者服务方式，自主决定购买或者不购买任何一种商品、接受或者不接受任何一项服务。消费者在自主选择商品或者服务时，有权进行比较、鉴别和挑选。”

本案中，购买人身保险并不是旅客乘车应该接受的必要的服务，故而旅客有权进行选择，完全按照自己的意愿决定是否接受这一服务，任何人都不可以无视旅客的合法权益，强制旅客接受这种服务。消费者权益保护法第10条明确规定："消费者享有公平交易的权利。消费者在购买商品或者接受服务时，有权获得质量保障、价格合理、计量正确等公平交易条件，有权拒绝经营者的强制交易行为。"火车站要求旅客购买车票必须购买人身保险显然属于强制交易行为，旅客当然有权拒绝火车站的不合理要求。由此可见，火车站这种强制交易行为侵犯了旅客的合法权益。

邓某要求火车站公开赔礼道歉应当予以支持。我国民法典第179条规定，赔礼道歉是承担民事责任的方式之一。消费者权益保护法第52条规定："经营者提供商品或者服务，造成消费者财产损害的，应当依照法律规定或者当事人约定承担修理、重作、更换、退货、补足商品数量、退还货款和服务费用或者赔偿损失等民事责任。"火车站强制旅客购买人身保险支付的费用就是旅客的财产损失，旅客当然有权要求赔偿。

【法条指引】

中华人民共和国消费者权益保护法

第四条　经营者与消费者进行交易，应当遵循自愿、平等、公平、诚实信用的原则。

第六条　保护消费者的合法权益是全社会的共同责任。

国家鼓励、支持一切组织和个人对损害消费者合法权益的行为进行社会监督。

大众传播媒介应当做好维护消费者合法权益的宣传，对损害消费者合法权益的行为进行舆论监督。

第九条　消费者享有自主选择商品或者服务的权利。

消费者有权自主选择提供商品或者服务的经营者，自主选择商品品种或者服务方式，自主决定购买或者不购买任何一种商品、接受或者不接受任何一项服务。

消费者在自主选择商品或者服务时，有权进行比较、鉴别和挑选。

第十条　消费者享有公平交易的权利。

消费者在购买商品或者接受服务时，有权获得质量保障、价格合理、计量正确等公平交易条件，有权拒绝经营者的强制交易行为。

7. 购买商品时赠品有假，商家是否应承担赔偿责任？

【维权要点】

经营者以广告、产品说明、实物样品或者其他方式表明商品或者服务的质量状况的，应当保证其提供的商品或者服务的实际质量与表明的质量状况相符。

【典型案例】

孟某按某商家所登广告来到某市电器商场购买一台投影仪，并得到广告承诺赠送的10盘正版光碟、2支高级话筒，价值380元。回家后孟某发现光碟上字迹模糊，且其上书写的出版社与产品包装不符。后到某省文化市场管理办公室鉴定，商家所赠10张光碟均为盗版非法音像制品。孟某认为，商家赠品价值与其广告所述380元价格不符，且商家广告还称“发现假冒商品奖励1万元”。于是将此光碟连同话筒送某市消费者权利保护协会，消协组织双方进行调解，但双方意见分歧较大，调解未成。在索赔未果的情况下，孟某依法起诉，要求商场依法三倍赔偿，并同时赔偿误工费、交通费200元。

【法官讲法】

本案是因赠品有假而引发争执，购买商品时所得赠品有质量问题是否受消费者权益保护法规范和调控，是解决本案的关键。商家在买方市场情况下如何竞争，是其迫切需要解决的问题，“买一赠一”作为商家的促销手段，其中买卖的商品受消费者权益保护法调控是毫无疑问的。但附送赠品能否适用，法律没有明文规定。我们经过分析，可以得知答案是肯定的。消费者权益保护法第2条规定：“消费者为生活消费需要购买、使用商品或者接受服务，其权益受本法保护；本法未作规定的，受其他有关法律、法规保护。”从中我们可以看出，形成消费法律关系，其前提条件是有价的买卖与服务，若不是直接有价，也应当是间接有价。所谓间接有价，是指消费者在使用商品时虽没有直接与商品的生产者、销售者发生权利义务关系，但其商品的所有者仍是通过有价交换而取得。同时，消费者权益保护法没有直接规定的，适用其他法律；“买一赠一”，其中的赠与，与民法上通常所说的赠与有什么联系和区别呢？我国民法典第657条规定：“赠与合同是赠与人将自己的财产无偿给予受赠人，受赠人表示接受赠与的合同。”因而成立赠与关系要满足两个要件：第一，赠与人的行为是无偿的而不得有偿；第二，受赠人应表示接受赠与。“买一赠一”中的赠与，透过现象看本质，我们可以发现不是无偿的，而是附义务的或是有条件的，附义务赠与又称为附负担的赠与，是指以受赠人为一定给付为条件，亦即使受赠人于接受赠与后负担一定义务的赠与。因而，接受的赠品仍然是通过有价交换而取得，只不过消费者不必直接就该商品的价格负担付款义务，付款义务已转移到赠与前提条件的商品买卖中了。

消费者权益保护法虽没有直接对买卖中的赠与作出直接规定，但并不意味着就没有法律加以规范，也不意味着就绝对排除适用消费者权益保护法。如前所述，商品交换中的“买一赠一”的赠与，最起码是附条件的赠与，这个条件就是购买该商场商品。我国有关法律规定，附义务的赠与，赠与的财产有瑕疵的，赠与人在附义务的限度内承担与出售人相同的责任，同时若赠与人故意不告知瑕疵或者保证无瑕疵，造成受赠人损失的，应当承担赔偿责任。

通过上述分析，可以得出结论：商品买卖中的赠与不是无偿的，是附义务的，因而该赠品若有瑕疵，赠与人应当承担义务限度内的责任。但由于所附的义务是购买商品，符合消费关系，因此受到消费者权益保护法的规范，若赠品的瑕疵是欺诈故意所为，其责任是赔偿三倍赠品价款。在本案纠纷中，双方和解，首先赠品价格是380元；而赔偿额为1140元，是赠品价款的三倍，又补偿了必要的费用。其结果是符合法律精神的。其次，虽然商家在广告中宣称发现假冒商品奖励1万元，但其应是特指所买的商品而不是赠与的商品，若赠品是假冒的，不受该约定条款的限制，因为附义务的赠与只在附义务的限度内承担责任，其范围应是赠与物的价格，按照消费者权益保护法，最多能三倍赔偿。

【法条指引】

中华人民共和国消费者权益保护法

第二条　消费者为生活消费需要购买、使用商品或者接受服务，其权益受本法保护；本法未作规定的，受其他有关法律、法规保护。

第八条 消费者享有知悉其购买、使用的商品或者接受的服务的真实情况的权利。

消费者有权根据商品或者服务的不同情况，要求经营者提供商品的价格、产地、生产者、用途、性能、规格、等级、主要成份、生产日期、有效期限、检验合格证明、使用方法说明书、售后服务，或者服务的内容、规格、费用等有关情况。

第二十三条 经营者应当保证在正常使用商品或者接受服务的情况下其提供的商品或者服务应当具有的质量、性能、用途和有效期限；但消费者在购买该商品或者接受该服务前已经知道其存在瑕疵，且存在该瑕疵不违反法律强制性规定的除外。

经营者以广告、产品说明、实物样品或者其他方式表明商品或者服务的质量状况的，应当保证其提供的商品或者服务的实际质量与表明的质量状况相符。

经营者提供的机动车、计算机、电视机、电冰箱、空调器、洗衣机等耐用商品或者装饰装修等服务，消费者自接受商品或者服务之日起六个月内发现瑕疵，发生争议的，由经营者承担有关瑕疵的举证责任。

第二十四条 经营者提供的商品或者服务不符合质量要求的，消费者可以依照国家规定、当事人约定退货，或者要求经营者履行更换、修理等义务。没有国家规定和当事人约定的，消费者可以自收到商品之日起七日内退货；七日后符合法定解除合同条件的，消费者可以及时退货，不符合法定解除合同条件的，可以要求经营者履行更换、修理等义务。

依照前款规定进行退货、更换、修理的，经营者应当承担运输等必要费用。

中华人民共和国民法典

第六百六十一条 赠与可以附义务。

赠与附义务的，受赠人应当按照约定履行义务。

第六百六十二条 赠与的财产有瑕疵的，赠与人不承担责任。附义务的赠与，赠与的财产有瑕疵的，赠与人在附义务的限度内承担与出卖人相同的责任。

赠与人故意不告知瑕疵或者保证无瑕疵，造成受赠人损失的，应当承担赔偿责任。

8. 报纸实际版面少于标称数量，应否承担赔偿责任?

【维权要点】

经营者提供商品或者服务，销售的商品数量不足的，除消费者权益保护法另有规定外，应当依照其他有关法律、法规的规定，承担民事责任。

【典型案例】

2014年5月17日，某市民汪某到公园游玩，在公园入口处花1元钱买了一份某市场时报，该报封面标称为48版字样。汪某阅读后，发现整份报纸加上封面、封底共有44版，与封面及其重要启事内所标称的48版相差4版，同时该报纸并未作任何说明。当日下午，汪某到某人民法院起诉。6月15日上午，在法院主持调解下，汪某与被告某市场时报社自愿达成如下协议：被告因报纸实际版面不足，愿以刊登启事方式，向读者予以声明致歉，汪某则放弃诉讼请求。

【法官讲法】

这是一件因文化消费引起的诉讼案件。标的是合同义务的指向对象。本案中，标的额虽小，但因问题比较新奇，其中的许多法律问题值得我们深思。

首先，分析一下该案中某市场时报社符不符合经营者的概念的内涵与外延。消费者权益保护法没有直接给经营者以明确的定义，我们认为，经营者是指向消费者提供其生产、销售的商品或者提供服务的公民、法人或其他经济组织，它是以营利为目的的从事生产经营劳动并与消费者相对应的另一方当事人。其具有三个基本特征：第一，经营者包括生产者、销售者和服务者。经营者的经营活动，不单指商品销售，也包括商品的生产和有偿服务活动，这是市场经济条件下经营的基本含义。第二，经营者是与消费者相对应的另一方当事人，是相对消费者而言的。由于他们向消费者提供了商品或服务，才使消费者的消费需求得以满足。第三，经营者提供商品或服务以营利为目的；以营利为目的，是指在经营者的行为上体现为向消费者提供的商品和服务是有偿的。这里的营利并非指在经营上一定有盈余，只要是有偿提供商品和服务，不论其结果是否盈利，都视为以营利为目的的经营活动。本案中，某市场时报社提供了市场时报这一商品，并且是有偿的，其价格为人民币1元，应认定为以营利为目的，虽然其辩称销售价远远低于其成本价。

其次，本案某市场时报社作为经营者，其违反的义务又是什么呢？经营者的义务分为法定义务和约定义务。消费者权益保护法第16条第1款规定："经营者向消费者提供商品或者服务，应当依照本法和其他有关法律、法规的规定履行义务。"这款的义务即为法定义务。所谓法定义务，是指由国家立法机关或者权力机关，根据法定程序制定和颁布实行的法律、法规中明文规定经营者所必须履行的某种"责任"，即必须为或者不为某一行为的规定。同时法律也规定了约定义务，即由当事人协商确定的义务，但本案中无约定义务。消费者权益保护法第48条第1款规定，"经营者提供商品或者服务有下列情形之一的，除本法另有规定外，应当依照其他有关法律、法规的规定，承担民事责任"，其中第6项为："销售的商品数量不足的。"报纸版面不足虽然在形式上为数量不足，但其与一般的商品数量不足有质上的区别，一般商品数量不足，可以补足，也可以减少价款。但报纸属于时间性很强的文化产品，若属于日报，则其消息过后价值明显减少。正因如此，汪某认为补足数量版面没有实质意义是有一定道理的。

最后，报社是否构成欺诈？欺诈，是指一方当事人故意告知对方虚假情况，或者故意隐瞒真实情况，诱使对方当事人作出错误意思表示的行为。当事人的故意是欺诈的前提。在该案中，若某市场时报明知其报纸版面不足而不告知消费者，应为欺诈；若由于过失在编审时没有尽应有的注意义务而未发现，应属于重大过失，不得认定为欺诈。依笔者而言，该报社有理由知道报纸版面不足，是明知而故意不告知的行为，是欺诈，适用消费者权益保护法第48条、第55条的规定。

【法条指引】

中华人民共和国消费者权益保护法

第十六条 经营者向消费者提供商品或者服务，应当依照本法和其他有关法律、法规的规定履行义务。

经营者和消费者有约定的，应当按照约定履行义务，但双方的约定不得违背法律、法规的规定。

经营者向消费者提供商品或者服务，应当恪守社会公德，诚信经营，保障消费者的合法权益；不得设定不公平、不合理的交易条件，不得强制交易。

第四十八条　经营者提供商品或者服务有下列情形之一的，除本法另有规定外，应当依照其他有关法律、法规的规定，承担民事责任：

（一）商品或者服务存在缺陷的；

（二）不具备商品应当具备的使用性能而出售时未作说明的；

（三）不符合在商品或者其包装上注明采用的商品标准的；

（四）不符合商品说明、实物样品等方式表明的质量状况的；

（五）生产国家明令淘汰的商品或者销售失效、变质的商品的；

（六）销售的商品数量不足的；

（七）服务的内容和费用违反约定的；

（八）对消费者提出的修理、重作、更换、退货、补足商品数量、退还货款和服务费用或者赔偿损失的要求，故意拖延或者无理拒绝的；

（九）法律、法规规定的其他损害消费者权益的情形。

经营者对消费者未尽到安全保障义务，造成消费者损害的，应当承担侵权责任。

9. 消费者合法权益受到侵害，消费者协会应当尽到哪些职责?

【维权要点】

消费者协会履行以下职责：向消费者提供消费信息和咨询服务；参与制定有关消费者权益的法律、法规、规章和强制性标准；参与有关行政部门对商品和服务的监督、检查；就有关消费者合法权益的问题，向有关部门反映、查询，提出建议；受理消费者的投诉，并对投诉事项进行调查、调解；就损害消费者合法权益的行为，支持受损害的消费者提起诉讼或者依照消费者权益保护法提起诉讼等公益性职责。

【典型案例】

2014 年 5 月 20 日，王某和妻子叶某从某游览点旅游回来的途中到某副食商场购买了三瓶罐头，一瓶是水果罐头，另外两瓶是熏鱼罐头，叶某把熏鱼罐头拿回家启开后，发现有些异味，也没有在意，当叶某、王某食用后，觉得恶心、想呕吐，赶紧叫来邻居将其送往医院进行救治，才脱离危险。经医院化验表明，王某、叶某是食用了变质的熏鱼罐头所引起的食物中毒，在整个住院期间，王某、叶某二人共花去医疗费1500元，交通费100元，陪床费200元。

出院后，王某找到副食商场要求其赔偿损失。副食商场答复说，罐头是长期保存食品，一般来讲不会变质。商场对于罐头的质量没有检验的义务，如果因食用罐头发生问题，请找生产厂家解决问题，本商场概不负责。

王某查看罐头的生产厂家，厂家在一个遥远的边疆省份。王某想自己年老体弱，根本无法去向厂家进行索赔，如果打官司，自己没有法律知识，连诉状都不会写，就打消了打官司的念头，只好自己承担所有的损失。

王某、叶某中毒的事情被当地群众反映到某消费者协会。消费者协会对此事进行了调查，发现副食商场所进的这批罐头有相当一部分已经变质。在叶某购买罐头之前，曾经有消费者向副食商场反映罐头的质量问题，但商场没有放在心上，仅仅把变质的熏鱼罐头作简单的退货处理，剩余的罐头继续出售。王某和叶某等二人均系退休职工，岁数较大，依靠退休金生活，住院期间的医疗费用又不能全部报销，对于其是一个较大的经济负担。消费者协会认为，帮助消费者保护其合法权益是消费者协会的重要职责，尤其是对于王某、叶某这样年老体弱的人，协会更应当负起责任。消费者协会首先派出两名同志向王某和叶某宣传消费者权益保护法的有关法律知识，告诉他们在这种情况下，产品生产厂家和销售商都要承担法律责任，无论找谁，他们都必须赔偿损失。如果王某、叶某起诉有困难，消费者协会可以提供帮助。在消费者协会的鼓励下，王某和叶某决定向人民法院进行起诉，以维护自己的合法权益。消费者协会的同志帮助王某书写了起诉状，并派人代理王某、叶某出庭。8月10日，王某、叶某向某人民法院提起诉讼，要求副食商场赔偿因出售变质罐头给其造成的经济损失1800元，并负担所有诉讼费用。

【法官讲法】

在本案中，消费者协会的支持和帮助对于王某和叶某通过诉讼取得赔偿起到了很大的作用。如果没有消费者协会，王某和叶某就可能不向人民法院起诉，自己来承担所有的损失。

1. 消费者协会的职能

消费者协会是消费者组织的一种。从1983年5月我国第一个消费者组织——河北省新乐县消费者协会成立以来，全国各地已建立了很多消费者协会，还有分会、联络站、监督站等。这些组织在“对商品和服务进行社会监督，保护消费者权益，指导广大群众消费”等方面作了以下主要工作。

（1）协助立法机关制定保护消费者权益的法规。这些消费者协会从其成立起，就担负着这一工作，在地方协助制定地方性法规以保护消费者权益，对消费者权益保护法的起草也给予了积极的帮助。

（2）运用舆论手段来开展保护消费者权益的宣传工作。使保护消费者权益做到有法可依，力争做到有法必依，如通过咨询、报纸、电台举办专栏、专题节目等，同时还创办自己的报纸，发挥重要作用，深受消费者欢迎。

（3）受理消费者投诉是消费者协会的一项重要工作。其具体措施是：对一般投诉，消费者协会可寄函给当地工商企业，限期解决，并把结果告诉该协会和投诉人。对重大、有争议的投诉，消费者协会亲自调查核实，提出调解意见，合理解决。对超出自己职责的，可由政府主管部门解决，并积极配合解决。对于普遍性的、有严重后果的，除配合有关部门处理外，还要通过舆论进行批评。

（4）积极参与有关部门组织对市场上的商品和服务进行监督检查，可及时发现并制止损害消费者利益的行为，对维护消费者权益起到了很大作用。

（5）开展商品比较试验，可及时掌握市场商品质量状况，有助企业尽早知道反馈信息，改进产品质量，同时还可指导消费者的消费。

（6）组织消费者评议商品和服务。可向企业及时反馈消费者的呼声，有助于企业改进工作，支持消费者对商品和服务进行监督。

（7）开展教育和理论研究工作，通过对消费者的教育，指导他们如何消费，如何用法律武器保护自己的合法权益。

（8）积极开展国际交往活动。我国消费者协会加入国际性消费组织，可进行相互经验的交流，了解信息和情况，促进世界消费者组织的发展和完善。

通过对消费者协会组织工作的总结，借鉴国外经验，在消费者权益保护法中明确规定了我国消费者组织的职能范围。本案中，消费者王某和叶某在保护自己的合法权益遇到困难时，消费者协会及时为王某和叶某排忧解难，向其宣传有关的法律知识，采取各种方式支持其起诉，终于使其合法权益得到了维护。

2. 支持起诉原则

本案中消费者协会帮助消费者王某、叶某的方式是鼓励其通过诉讼手段来保护自身的合法权益。支持起诉原则是民事诉讼法的基本原则之一。根据民事诉讼法的规定，支持起诉原则就是指机关、团体、企事业单位对损害国家、集体或个人民事权益的行为，可以支持受害者向人民法院起诉。

（1）支持起诉的前提条件是：第一，必须是被告人的行为构成了侵权行为，即加害人的行为确实侵犯了国家、集体或个人的民事权益，需要支持受害者与这种侵权行为做斗争。如果属于一般的民事权益之争，当事人可以自行处分，无须机关、团体、企事业单位介入。第二，必须是受害者没有起诉，如果受害人已经起诉，则无须再进行干预。本案中王某、叶某因食品中毒，其人身权受到侵犯，并且由于物质和精神因素的限制，不愿起诉。这时，有关团体就应当支持其进行起诉。

（2）有权支持起诉的主体只能是对于受害者负有保护责任的机关、团体和企事业单位。例如，妇联可以支持受害的妇女起诉，共青团可以支持受害的青年起诉，企事业单位可以支持受害的职工起诉，消费者组织可以像本案中消费者协会那样支持权利受到侵犯的消费者提起诉讼。

（3）被支持起诉者是与本案有直接利害关系的原告，可以是机关、团体、企事业单位，也可以是公民个人。也就是说，被支持起诉者必须具备本案原告的资格，只有被支持的人可以作为原告，支持起诉者才有其存在的意义。现实生活中，被支持起诉的主体大部分是公民个人，由于其经济实力差，法律知识又少，因此不愿、不能或不敢起诉，需要其他人的支持和帮助来维护自己的合法权益。

（4）支持起诉的机关、团体、企事业单位，不是案件的利害关系人，没有诉权，不能以自己的名义起诉。也就是说，支持起诉的单位不具备提起诉讼的条件，不具备民事诉讼法规定的原告资格。如果这些单位具备起诉条件，可以自行起诉而不必支持他人起诉。本案中的消费者协会虽然是保护消费者权益的组织，但是王某受到侵害与协会没有直接的利害关系，消费者协会不能以自己的名义起诉。

根据实践经验，支持受害者起诉的方式，一般是通过向当事人宣传政策法律，解除其思想顾虑，以精神上或物质上支持或鼓励他们向人民法院起诉。诸如指引受害人向有关单位反映情况，帮助其写诉状，向其宣传有关的法律知识，为其选派有法律知识的人担任委托代理人等，就像本案中消费者协会所做的那样。在支持起诉后，案件如何处理应由人民法院依法裁判，支持起诉者不能再进行干预。在审判实践中，有的单位或者个人直接出面告状或者通过不正当手段对人民法院施加压力，甚至有的借支持起诉从中渔利。这都是法律所不允许的。支持起诉是消费者协会的一项重要职能，也是消费者协会保护消费者合法权益的一个重要方式，各个消费者协会要积累经验，利用支持起诉的方法更好地保护消费者的合法利益。

【法条指引】

中华人民共和国消费者权益保护法

第六条　保护消费者的合法权益是全社会的共同责任。

国家鼓励、支持一切组织和个人对损害消费者合法权益的行为进行社会监督。

大众传播媒介应当做好维护消费者合法权益的宣传，对损害消费者合法权益的行为进行舆论监督。

第三十六条　消费者协会和其他消费者组织是依法成立的对商品和服务进行社会监督的保护消费者合法权益的社会组织。

第三十七条　消费者协会履行下列公益性职责：

（一）向消费者提供消费信息和咨询服务，提高消费者维护自身合法权益的能力，引导文明、健康、节约资源和保护环境的消费方式；

（二）参与制定有关消费者权益的法律、法规、规章和强制性标准；

（三）参与有关行政部门对商品和服务的监督、检查；

（四）就有关消费者合法权益的问题，向有关部门反映、查询，提出建议；

（五）受理消费者的投诉，并对投诉事项进行调查、调解；

（六）投诉事项涉及商品和服务质量问题的，可以委托具备资格的鉴定人鉴定，鉴定人应当告知鉴定意见；

（七）就损害消费者合法权益的行为，支持受损害的消费者提起诉讼或者依照本法提起诉讼；

（八）对损害消费者合法权益的行为，通过大众传播媒介予以揭露、批评。

各级人民政府对消费者协会履行职责应当予以必要的经费等支持。

消费者协会应当认真履行保护消费者合法权益的职责，听取消费者的意见和建议，接受社会监督。

依法成立的其他消费者组织依照法律、法规及其章程的规定，开展保护消费者合法权益的活动。

10. 消费者购物离开之后，经营者是否有义务补开发票？

【维权要点】

经营者提供商品或者服务，应当按照国家有关规定或者商业惯例向消费者出具发票等购货凭证或者服务单据；消费者索要发票等购货凭证或者服务单据的，经营者必须出具。

【典型案例】

2014 年 3 月 16 日，张某、赵某夫妻二人到某公园旅游，归来后在新开业的某购物中心，看中了售货员现场演示的一台多功能切菜机。该机具有切、割、纹、磨、刮等多项功能，体积小、重量轻，每台售价人民币 65 元，适合家庭使用。在交款之后，二人拿起切菜机，走出了购物中心。在回家路上，赵某想起某购物中心未开具售货发票。于是，二人又返回某购物中心，向售货员说明情况，请求开具发票。售货员认为，二人购物时不索取发票，出去之后又回来索取发票，购物中心无义务出具发票。

【法官讲法】

本案主要涉及经营者提供商品或服务时出具购货凭证或者服务单据的

问题。消费者权益保护法第22条规定："经营者提供商品或者服务，应当按照国家有关规定或者商业惯例向消费者出具发票等购货凭证或者服务单据；消费者索要发票等购货凭证或者服务单据的，经营者必须出具。"

经营者在向消费者销售商品或者提供服务后，应当出具购货凭证或者服务单据的规定，在目前对于我国广大消费者而言是有切实保护意义的。所谓的购货凭证，是指商品销售者在买卖合同已履行完毕后向商品购买者出具的证明合同已履行的书面凭证。所谓买卖合同，是指出卖人转移标的物的所有权于买受人，买受人支付价款的合同。服务单据与此类似，不过是证明服务合同已得到履行的书面凭证。在商品的实际交易中，购货凭证或者服务单据有多种表现形式，如发票、信誉卡、购货小票、服务卡、保修卡等。购货凭证或者服务单据一般都载明商品或者服务的名称、数量、规格、价格、售货或者提供服务日期，并一般印有经营者的企业名称或者加盖有经营者的公章。长期以来，有的行业的惯例是有正式的购货凭证或者服务单据，有的行业则没有此种习惯做法，尤其是一些小商小贩、流动摊贩、小额商品交易等，消费者一般也不索要。在这种情况下发生的纠纷常常难以解决，责任难以确定。

本案中，根据我国消费者权益保护法第22条的规定，经营者某购物中心在向消费者张某、赵某销售商品时，应主动出具购货发票或购货凭证；当张某、赵某索要时，应当予以开具。

【法条指引】

中华人民共和国消费者权益保护法

第二十二条 经营者提供商品或者服务，应当按照国家有关规定或者商业惯例向消费者出具发票等购货凭证或者服务单据；消费者索要发票等购货凭证或者服务单据的，经营者必须出具。

11. 商品名牌内容与实际不符，销售者应当承担何种责任？

【维权要点】

消费者享有知悉其购买、使用的商品或者接受的服务的真实情况的权利。消费者在购买、使用商品时，其合法权益受到损害的，可以向销售者要求赔偿。销售者赔偿后，属于生产者的责任或者属于向销售者提供商品的其他销售者的责任的，销售者有权向生产者或者其他销售者追偿。

【典型案例】

2014 年 6 月 1 日，蒋某某在某市诚发摩托车商行以 5280 元的价格，购买了一辆江苏某轻骑摩托车公司生产的轻骑牌 QM100 型摩托车，准备到南京环城旅游。购车未满 2 个月，摩托车的避震器、气缸、开关等主要部件相继发生了故障。由于仍属于“三包”期内，蒋某某要求商家维修，但遭遇冷落和怠慢。因此，其多次请人将已坏的零件拆下来，并邮寄到厂家更换，同时车子出现加速慢、动力不足现象。经咨询，该车的发动机气缸的实际排气量最多只达到 90CC，而不是牌号 QM100 表明的 100CC，也不是说明书标明的 92CC，同时汽油机上的名牌根本看不清，字号也被打磨掉了。汽油机上应有名牌，名牌上应包括下列内容：制造厂名称或车标；型号；标定功率及其相应转速；总排气量；等等。也即在制造发动机气缸时，缸体就应标注有气缸排气量。因此，蒋某某认为，要么是厂家，要么是商家，在未卖前有意把名牌打磨掉，使其受误导。于是与厂家和商家交涉。商家认为：车子机身标注型号和实际不相符，他们事先也不知道，因为在进货时，车于外形和说明书是一致的，问题出在厂家，与其无关。厂家的回答是：QMl00 型虽采用的是 90 型发动机，但其是按 QM90 售价出售的，厂家不承担责任。之后，蒋某某向市消协投诉，在消协的主持下调解无效。蒋某某以该摩托车商行为被告，到人民法院提起诉讼。

7 月 23 日，该市产品质量监督所对蒋某某购买的摩托车进行“规格代号检查”，8 月 17 日，公布检验结果：按照有关国家标准，这辆摩托车的规格代号、标志等项目均不符合要求，其中发动机实际排气量为 87. 8CC，为不合格产品。

【法官讲法】

我国消费者权益保护法第 48 条规定，“经营者提供商品或者服务有下列情形之一的，除本法另有规定外，应当依照其他有关法律、法规的规定，承担民事责任：……（二）不具备商品应当具备的使用性能而出售时未作说明的；……”因此，本案中的某商行不论其是过失或是故意，都违反了该条规定，因而应当承担赔偿损失的责任。

同时，消费者权益保护法第 52 条规定：“经营者提供商品或者服务，造成消费者财产损害的，应当依照法律规定或者当事人约定承担修理、重作、更换、退货、补足商品数量、退还货款和服务费用或者赔偿损失等民事责任。”本案某商行提供的商品不合格，造成了蒋某某修理费用、车辆进户费用、鉴定费用等的损失，某商行应当承担这些财产的损失。

本案中，问题关键在于，某商行有无欺诈行为。质量有问题没有争议，争议集中在商行作为经营者知不知道或是否应当知道该车有质量问题，也即是否构成欺诈。从构成欺诈行为的要件来看，必须满足以下三个条件：其一，一方有欺诈的故意。其二，一方欺诈的目的是使对方实施民事法律行为。其三，对方当事人因受欺诈才作出错误的意思表示。本案中，存在两种观点：一种是认为仅有质量问题而不构成欺诈，其理由是某商行提供的摩托车有正常的进货发票，且该车的生产厂家有国家批准的文件，同时，蒋某某也无证据证明某商行行为是欺诈。另一种观点认为，某商行行为构成欺诈。因为在消费权益纠纷案件中，消费者总是处于弱者的地位，其无论在资金方面，抑或在相关的专业技术知识上，相对于经营者来说总是处于劣势地位，正基于此，消费者权益保护法才将消费者与经营者视为实质上处于不平等地位，将普通的消费合同从一般的合同法中独立出来，单独加以调整。因此，法院在审理此案件时，有必要以此为出发点。产品质量法第 33 条规定：“销售者应当建立并执行进货检查验收制度，验明产品合格证明和其他标识。”这是销售者的法定义务。本案某商行销售的摩托车的名牌上字样被磨掉，抛开某商行的故意不谈，其作为经营者，有按法律规定的要求在进货时加以验证，否则视为重大过失。因为摩托车的性能型号是较专业的内容，消费者比经营者在一般情况下知道的要少，让其提出证明难度可想而知。本案某商行只有证明其无法验证出名牌内容与实际不符才能减轻自己的赔偿义务，否则应认定有重大过失。作为经营摩托车的商行，验名牌的能力是不容置疑的，因此，无论从哪方面而言，本案都有欺诈嫌疑，应承担消费者权益保护法所规定的责任。

某商行主张的其不应承担产品不合格的责任而应由厂家承担，对消费者而言是毫无证据法上的对抗效力的，因为法律明文规定消费者在权益受侵害时，可从经营者和生产者中选择任一方作为求偿的对象。对于某商行而言，若要维持好商誉，应该首先赔偿消费者的损失，再向生产厂家索赔。

【法条指引】

中华人民共和国消费者权益保护法

第八条 消费者享有知悉其购买、使用的商品或者接受的服务的真实情况的权利。

消费者有权根据商品或者服务的不同情况，要求经营者提供商品的价格、产地、生产者、用途、性能、规格、等级、主要成份、生产日期、有效期限、检验合格证明、使用方法说明书、售后服务，或者服务的内容、规格、费用等有关情况。

第二十条 经营者向消费者提供有关商品或者服务的质量、性能、用途、有效期限等信息，应当真实、全面，不得作虚假或者引人误解的宣传。

经营者对消费者就其提供的商品或者服务的质量和使用方法等问题提出的询问，应当作出真实、明确的答复。

经营者提供商品或者服务应当明码标价。

第二十三条 经营者应当保证在正常使用商品或者接受服务的情况下其提供的商品或者服务应当具有的质量、性能、用途和有效期限；但消费者在购买该商品或者接受该服务前已经知道其存在瑕疵，且存在该瑕疵不违反法律强制性规定的除外。

经营者以广告、产品说明、实物样品或者其他方式表明商品或者服务的质量状况的，应当保证其提供的商品或者服务的实际质量与表明的质量状况相符。

经营者提供的机动车、计算机、电视机、电冰箱、空调器、洗衣机等耐用商品或者装饰装修等服务，消费者自接受商品或者服务之日起六个月内发现瑕疵，发生争议的，由经营者承担有关瑕疵的举证责任。

第四十条 消费者在购买、使用商品时，其合法权益受到损害的，可以向销售者要求赔偿。销售者赔偿后，属于生产者的责任或者属于向销售者提供商品的其他销售者的责任的，销售者有权向生产者或者其他销售者追偿。

消费者或者其他受害人因商品缺陷造成人身、财产损害的，可以向销售者要求赔偿，也可以向生产者要求赔偿。属于生产者责任的，销售者赔偿后，有权向生产者追偿。属于销售者责任的，生产者赔偿后，有权向销售者追偿。

消费者在接受服务时，其合法权益受到损害的，可以向服务者要求赔偿。

第四十八条　经营者提供商品或者服务有下列情形之一的，除本法另有规定外，应当依照其他有关法律、法规的规定，承担民事责任：

（一）商品或者服务存在缺陷的；

（二）不具备商品应当具备的使用性能而出售时未作说明的；

（三）不符合在商品或者其包装上注明采用的商品标准的；

（四）不符合商品说明、实物样品等方式表明的质量状况的；

（五）生产国家明令淘汰的商品或者销售失效、变质的商品的；

（六）销售的商品数量不足的；

（七）服务的内容和费用违反约定的；

（八）对消费者提出的修理、重作、更换、退货、补足商品数量、退还货款和服务费用或者赔偿损失的要求，故意拖延或者无理拒绝的；

（九）法律、法规规定的其他损害消费者权益的情形。

经营者对消费者未尽到安全保障义务，造成消费者损害的，应当承担侵权责任。

第五十二条　经营者提供商品或者服务，造成消费者财产损害的，应当依照法律规定或者当事人约定承担修理、重作、更换、退货、补足商品数量、退还货款和服务费用或者赔偿损失等民事责任。

12. 经营者销售“水货”手机，如何承担赔偿责任？

【维权要点】

经营者销售“水货”手机，构成了对消费者合法权益的欺诈，应当三倍赔偿消费者。

【典型案例】

2014 年 5 月 27 日，李某、钟某、唐某 3 人同时到某风景区旅游，在该地的“联通”某分公司购买诺基亚某型号手机一部，每部手机1800元。6月11日，3人根据报纸上介绍的鉴别手机真伪的方法，调出了各自的屏显电子串号，结果吃惊地发现每部手机的电子串号与其标注的机身号、用户手册上填写的机身号都不相同。于是3人认为某“联通”分公司在他们购机时做了手脚。

7月，3人先向市消协进行了投诉，又申诉到该市工商局，要求某“联通”分公司加倍赔偿。该市消协、市工商局受理投诉后，随即委托诺基亚（中国）投资有限公司鉴定，结论为3台诺亚机手机均不是诺基亚公司总部在我国境内的合资厂生产。鉴定还特别说明：手机机身号为手机内部唯一电子串号，正规销售中手机机身号应与包装上的号码相同，如果手机的主板被调换，手机机身号也将随之改变。3人遂将“联通”某分公司起诉到某人民法院，要求“联通”公司加倍赔偿其损失。

【法官讲法】

本案是一起因出售“水货”手机而引起的加倍赔偿案件。

消费者权益保护法第55条第1款规定：“经营者提供商品或者服务有欺诈行为的，应当按照消费者的要求增加赔偿其受到的损失，增加赔偿的金额为消费者购买商品的价款或者接受服务的费用的三倍；增加赔偿的金额不足五百元的，为五百元。法律另有规定的，依照其规定。”那么何为欺诈呢？依据最高人民法院有关司法解释，“一方当事人故意告知对方虚假情况，或者故意隐瞒真实情况，诱使对方当事人作出错误意思表示的，可以认定为欺诈行为”。依据这一解释，构成欺诈必须具备以下三个条件：其一，一方有欺诈的故意。这里的故意，既包括故意告知对方虚假情况，也包括故意隐瞒真实情况。但故意均是以当事人对真实情况明知为前提的，如一方并不明知真实情况，则其陈述不论与事实真相有无出入都不会构成欺诈。其二，一方欺诈的目的是使对方实施民事法律行为。如果一方当事人故意告知虚假情况或者故意隐瞒真实情况的目的，不在于与对方实施民事行为，则也不构成欺诈行为。其三，对方当事人因受欺诈才作出错误的意思表示，与之实施民事行为。也就是说，对方当事人作出的意思表示是因一方当事人提供的情况不真实所致的，如果对方当事人知道真实情况则不会实施该民事行为。

根据我国有关法律规定，经营者承担三倍赔偿责任的前提条件有三项：(1) 经营者实施了欺诈消费者的行为；(2) 经营者主观上有欺诈的故意；(3) 消费者因此受到了损失。本案中，“联通”某分公司出售的诺基亚手机是“由非法厂家所产及从非法渠道购进”，属于人们平常所讲的“水货”手机。该分公司作为电信专营公司，当然应当知道这些情况。所以在审判中，对于其知假卖假的行为法院认定为欺诈行为，并判令其加倍赔偿。

【法条指引】

中华人民共和国消费者权益保护法

第二十三条　经营者应当保证在正常使用商品或者接受服务的情况下其提供的商品或者服务应当具有的质量、性能、用途和有效期限；但消费者在购买该商品或者接受该服务前已经知道其存在瑕疵，且存在该瑕疵不违反法律强制性规定的除外。

经营者以广告、产品说明、实物样品或者其他方式表明商品或者服务的质量状况的，应当保证其提供的商品或者服务的实际质量与表明的质量状况相符。

经营者提供的机动车、计算机、电视机、电冰箱、空调器、洗衣机等耐用商品或者装饰装修等服务，消费者自接受商品或者服务之日起六个月内发现瑕疵，发生争议的，由经营者承担有关瑕疵的举证责任。

第五十四条　依法经有关行政部门认定为不合格的商品，消费者要求退货的，经营者应当负责退货。

第五十五条　经营者提供商品或者服务有欺诈行为的，应当按照消费者的要求增加赔偿其受到的损失，增加赔偿的金额为消费者购买商品的价款或者接受服务的费用的三倍；增加赔偿的金额不足五百元的，为五百元。法律另有规定的，依照其规定。

经营者明知商品或者服务存在缺陷，仍然向消费者提供，造成消费者或者其他受害人死亡或者健康严重损害的，受害人有权要求经营者依照本法第四十九条、第五十一条等法律规定赔偿损失，并有权要求所受损失二倍以下的惩罚性赔偿。

13. 已经投保的产品爆炸伤人，生产者应否承担赔偿责任？

【维权要点】

消费者因购买、使用商品或者接受服务受到人身、财产损害的，享有依法获得赔偿的权利。

【典型案例】

刘某准备集资外出旅游，于是到某市天然居餐厅打工。2021 年 5 月 6 日下午，当刘某在餐厅收集易拉罐时，堆在附近的一瓶啤酒突然爆炸，刘某的左眼顿时鲜血淋漓。虽于当晚做了眼球缝合手术，但因伤势较重，终致左眼萎缩失明，其时年 18 岁。消费者协会几次主持调解，但因双方在赔偿数额上分歧较大，调解未达成一致协议。于是，刘某将该啤酒公司诉到法院。

【法官讲法】

啤酒爆炸伤人是消费投诉的热点，也是解决问题的难点。本案中，举证对于刘某来说相对较难。本案某啤酒公司并没有在这一点上做文章，其抗辩的理由是与保险公司签订了保险合同。随着工业化程度的提高，侵权责任也发生了较大的变化，所谓侵权责任，就是指行为人违反法律规定的义务而应当承担的法律后果。国外发达国家的一个显著特点是商家普遍投责任保险。这样做的好处是，既能为自己的生产经营提供一个良好的纠纷解决环境，同时又使消费者在权益受到损害后迅速得到赔偿。这应该是世界的发展趋势，我国也应当仿效，特别是在某些领域法律应当强制规定。本案某啤酒公司的做法是对的，但其不应不顾消费者的利益，应首先向消费者赔偿，然后才能向保险公司索赔，也即我们要讨论的合同关系的相对性。

合同关系的相对性是合同关系的突出特点。它是指合同关系只能发生在合同当事人之间，只拘束合同双方当事人，只能由合同当事人一方向另一方提出请求或者提起诉讼。除法律另有规定或当事人另有约定外，合同当事人以外的第三人不能依据合同向合同当事人提出请求或提起诉讼，也不对合同承担义务或者责任。我国民法典第 522 条第 1 款明确规定："当事人约定由债务人向第三人履行债务，债务人未向第三人履行债务或者履行债务不符合约定的，应当向债权人承担违约责任。”第523条规定：“当事人约定由第三人向债权人履行债务，第三人不履行债务或者履行债务不符合约定的，债务人应当向债权人承担违约责任。”这里所说的债权人是指享有债权主体的当事人，债务人是指负有债务主体的当事人。

本案中，某啤酒公司与保险公司签订的保险合同的真意之一是：当啤酒爆炸伤人构成侵权之债时，由保险公司代替侵权之债的债务人——某啤酒公司向侵权之债的债权人——受害的消费者承担履行义务。这种约定只能拘束保险合同的双方当事人——某啤酒公司和保险公司。对于消费者而言，对其无任何法律上的权利和义务。因而，不论保险合同如何订立，按照消费者权益保护法的规定，某啤酒公司作为生产者，应当承担赔偿责任，然后再向保险公司追偿。

同时，某啤酒公司与保险公司所订合同，是否构成消费者知情权的客体，也值得研究。

消费者的知情权又称为知悉权。它是指消费者在购买商品、使用商品或者接受服务时所享有的，知悉有关商品或服务真实情况的权利。消费者的知悉权是消费者的一项权利，其对消费者正确选择、接受、使用商品和接受服务有着重要意义。知情权的客体分为三大类：第一类是关于商品或者服务的基本情况，如商品的名称、商标、生产者名称、生产日期、服务的内容、规格等；第二类是关于商品的技术状况，这包括商品的用途、性能、规格、所含成分、有效期限、使用说明书、检验合格证等；第三类是关于商品或服务的价格以及商品的售后服务情况。从中我们可以看出，目前对于生产者、经营者与保险公司所订保险合同内容并不构成消费者知悉权的客体。但从保护消费者权益而言，应当成为知悉权的客体，因为有时生产者、销售者不存在偿债能力或偿债不足时，让消费者直接找保险公司，这虽与合同的相对性有点矛盾，但这可以由法律特别规定，因为消费者是弱者，应特别保护。

【法条指引】

中华人民共和国消费者权益保护法

第七条　消费者在购买、使用商品和接受服务时享有人身、财产安全不受损害的权利。

消费者有权要求经营者提供的商品和服务，符合保障人身、财产安全的要求。

第十一条 消费者因购买、使用商品或者接受服务受到人身、财产损害的，享有依法获得赔偿的权利。

第十八条 经营者应当保证其提供的商品或者服务符合保障人身、财产安全的要求。对可能危及人身、财产安全的商品和服务，应当向消费者作出真实的说明和明确的警示，并说明和标明正确使用商品或者接受服务的方法以及防止危害发生的方法。

宾馆、商场、餐馆、银行、机场、车站、港口、影剧院等经营场所的经营者，应当对消费者尽到安全保障义务。

第四十条 消费者在购买、使用商品时，其合法权益受到损害的，可以向销售者要求赔偿。销售者赔偿后，属于生产者的责任或者属于向销售者提供商品的其他销售者的责任的，销售者有权向生产者或者其他销售者追偿。

消费者或者其他受害人因商品缺陷造成人身、财产损害的，可以向销售者要求赔偿，也可以向生产者要求赔偿。属于生产者责任的，销售者赔偿后，有权向生产者追偿。属于销售者责任的，生产者赔偿后，有权向销售者追偿。

消费者在接受服务时，其合法权益受到损害的，可以向服务者要求赔偿。

第四十九条 经营者提供商品或者服务，造成消费者或者其他受害人人身伤害的，应当赔偿医疗费、护理费、交通费等为治疗和康复支出的合理费用，以及因误工减少的收入。造成残疾的，还应当赔偿残疾生活辅助具费和残疾赔偿金。造成死亡的，还应当赔偿丧葬费和死亡赔偿金。

中华人民共和国民法典

第一千一百七十九条 侵害他人造成人身损害的，应当赔偿医疗费、护理费、交通费、营养费、住院伙食补助费等为治疗和康复支出的合理费用，以及因误工减少的收入。造成残疾的，还应当赔偿辅助器具费和残疾赔偿金；造成死亡的，还应当赔偿丧葬费和死亡赔偿金。

第一千二百零二条　因产品存在缺陷造成他人损害的，生产者应当承担侵权责任。

第一千二百零三条　因产品存在缺陷造成他人损害的，被侵权人可以向产品的生产者请求赔偿，也可以向产品的销售者请求赔偿。

产品缺陷由生产者造成的，销售者赔偿后，有权向生产者追偿。因销售者的过错使产品存在缺陷的，生产者赔偿后，有权向销售者追偿。

14. 游客为维权而提起诉讼，所花费用能否请求赔偿？

【维权要点】

经营者提供商品或者服务，造成消费者财产损害的，应当依照法律规定或者当事人约定承担修理、重作、更换、退货、补足商品数量、退还货款和服务费用或者赔偿损失等民事责任。

【典型案例】

2021 年 4 月 14 日，吴某在某商场某书店购买了一本《走向法庭：律师庭审制胜战略》的书籍，回家后发现该书缺了 32 页。第二天，其乘公共汽车到书店要求退书，要求书店赔付他为退书往返书店的 1 元钱交通费。书店答应退书，但拒绝赔付 1 元钱的交通费。于是吴某起诉到某人民法院。

7 月 7 日，法院依照我国民法典、消费者权益保护法等有关规定，判令书店赔偿吴某退书花费的 1 元交通费及两次到庭参加诉讼花费的 807 元交通费、住宿费，共计 808 元。

【法官讲法】

在本案中，法官具体适用的法律条文有二：一是民法典的第 566 条，二是消费者权益保护法第 52 条。解释的焦点在于“赔偿损失”。民法典第 566 条第 1 款规定：“合同解除后，尚未履行的，终止履行；已经履行的，根据履行情况和合同性质，当事人可以请求恢复原状或者采取其他补救措施，并有权请求赔偿损失。”本案中，双方买卖合同经协商一致解除，书店在合同履行过程中有过错，因为经营者在进货时有执行检查验收的义务，以确保商品符合相关要求，除法律有特别规定外，对缺陷未能查出的，就应当视为过错。所以书店应给消费者赔偿损失。此处所谓的“损失”究竟指的是什么，其有什么样的构成要件或者是需要什么样的标准等是需要作出合乎情理的解释的。一般认为，损失是指现有财产的减少或未来应得财产的丧失，即积极损失和消极损失，并且财产的变动应当和民事法律行为有因果联系。我们认为，消费者因产品质量引发的纠纷而支付的交通费、食宿费、诉讼费等费用属于消费者财产的积极损失，也就是支付了不必要支付的费用，是现有财产的减少，同时这种支付行为和购买商品或接受服务的民事法律行为是有直接因果联系的。因而，从民法典规定来看，法院应当判令被告赔偿吴某因产品质量而支付的一切有关费用。

我国消费者权益保护法第 52 条规定：“经营者提供商品或者服务，造成消费者财产损害的，应当依照法律规定或者当事人约定承担修理、重作、更换、退货、补足商品数量、退还货款和服务费用或者赔偿损失等民事责任。”此条文在适用中引发争论的是，赔偿损失是与修理、重作等几种责任承担方式并列的还是其补充。若是并列的，则赔偿损失仅仅是在责任者不用前几种方式承担责任时才能适用；若是补充关系，则赔偿损失是在前几种方法仍不能保证消费者权益得到维护时补充适用。我们认为，赔偿损失应当是前几种承担责任方式的补充，因为前几种方式的适用有一个前提，即在发生纠纷时，经营者能及时合理适用此几种方式，若消费者在纠纷发生时，需要通过多次多种方式才能解决，则其必然支付了本不应当支付的费用，且支付的费用是解决纠纷所必须花费的，也即前面所述的积极损失中的情形。

总之，因产品质量引发的损失，既包括购货款和服务费用，也包括因修理、更换、退货等而发生的交通费、误工费，更应包括投诉或诉讼发生的费用，因为这些费用都是消费者权益受到损害而产生的，“损害”和“费用”具有因果关系。

【法条指引】

中华人民共和国民法典

第五百六十六条 合同解除后，尚未履行的，终止履行；已经履行的，根据履行情况和合同性质，当事人可以请求恢复原状或者采取其他补救措施，并有权请求赔偿损失。

合同因违约解除的，解除权人可以请求违约方承担违约责任，但是当事人另有约定的除外。

主合同解除后，担保人对债务人应当承担的民事责任仍应当承担担保责任，但是担保合同另有约定的除外。

中华人民共和国消费者权益保护法

第五条 国家保护消费者的合法权益不受侵害。

国家采取措施，保障消费者依法行使权利，维护消费者的合法权益。

国家倡导文明、健康、节约资源和保护环境的消费方式，反对浪费。

第八条 消费者享有知悉其购买、使用的商品或者接受的服务的真实情况的权利。

消费者有权根据商品或者服务的不同情况，要求经营者提供商品的价格、产地、生产者、用途、性能、规格、等级、主要成份、生产日期、有效期限、检验合格证明、使用方法说明书、售后服务，或者服务的内容、规格、费用等有关情况。

第二十三条 经营者应当保证在正常使用商品或者接受服务的情况下其提供的商品或者服务应当具有的质量、性能、用途和有效期限；但消费者在购买该商品或者接受该服务前已经知道其存在瑕疵，且存在该瑕疵不违反法律强制性规定的除外。

经营者以广告、产品说明、实物样品或者其他方式表明商品或者服务的质量状况的，应当保证其提供的商品或者服务的实际质量与表明的质量状况相符。

经营者提供的机动车、计算机、电视机、电冰箱、空调器、洗衣机等耐用商品或者装饰装修等服务，消费者自接受商品或者服务之日起六个月内发现瑕疵，发生争议的，由经营者承担有关瑕疵的举证责任。

第四十八条 经营者提供商品或者服务有下列情形之一的，除本法另有规定外，应当依照其他有关法律、法规的规定，承担民事责任：

（一）商品或者服务存在缺陷的；

（二）不具备商品应当具备的使用性能而出售时未作说明的；

（三）不符合在商品或者其包装上注明采用的商品标准的；

（四）不符合商品说明、实物样品等方式表明的质量状况的；

（五）生产国家明令淘汰的商品或者销售失效、变质的商品的；

（六）销售的商品数量不足的；

（七）服务的内容和费用违反约定的；

（八）对消费者提出的修理、重作、更换、退货、补足商品数量、退还货款和服务费用或者赔偿损失的要求，故意拖延或者无理拒绝的；

（九）法律、法规规定的其他损害消费者权益的情形。

经营者对消费者未尽到安全保障义务，造成消费者损害的，应当承担侵权责任。

第五章　消费者权益损害赔偿

1. 照相馆扣留游客底片，是否侵害了游客的肖像权？

【维权要点】

经营者不得以格式条款、通知、声明、店堂告示等方式，作出排除或者限制消费者权利、减轻或者免除经营者责任、加重消费者责任等对消费者不公平、不合理的规定，不得利用格式条款并借助技术手段强制交易。格式条款、通知、声明、店堂告示等含有上述所列内容的，其内容无效。

【典型案例】

2021 年 4 月 5 日，陈某、王某一起到某公园游玩，在园内某照相馆拍摄艺术照，照相馆标价每套（陈某一套 5 张，王某一套 6 张）是 150 元。陈某、王某接受此价格，在拍摄完毕后，即付给照相馆 150 元“押金”（实为价款）。次日，当陈某、王某到照相馆取照片并索取全部底片时，照相馆的员工对陈某说：“如果你们每人多放大两张就可以取回全部底片。”该员工见陈某、王某不情愿，接着又说：“你们一起来，破例给你们每人再放大一张就可以取回全部底片。”陈某、王某为能取回全部底片，便各拿出 100 元付给照相馆，各再放大一张。同月 9 日，陈某再次到照相馆，要求取照片，照相馆却只同意给放大的两张，其余底片拒不交还。陈某质问照相馆员工为何，照相馆的员工回答：“若想取回全部底片，每人要再放大两张。”陈某、王某无奈，遂于 11 日向消费者协会投诉。经消费者协会派员与照相馆协商，照相馆仍是拒不交出剩余的底片。后照相馆提出只要陈、王二人每张愿付 15 元即可取回全部底片，但陈、王二人对此没有接受。

照相馆摆放在门口的《须知》注明：“凡在本摄影厅放大到 24 寸以上的给回底片一张，其余不放大者，底片每张按 150 元计价（要底片者按此计算)。”

陈某、王某向人民法院提起诉讼，认为照相馆非法扣押底片，已侵害了其肖像权和财产权，损害了消费者的合法权益，故请求法院判令照相馆立即归还非法扣押的底片，赔礼道歉并赔偿相应经济损失。

【法官讲法】

本案是一件在日常生活中比较常见但又未引起人们足够重视的侵害消费者权益案。其涉及的问题主要有以下五个方面。

一是陈某、王某和照相馆之间的法律关系。本案中的照相馆是提供服务的经营者，即为消费者提供拍照等方面的服务，陈某和王某是接受服务的消费者。因此，双方之间是消费与服务的法律关系。陈某和王某到照相馆拍照，双方形成一种服务合同关系，照相馆收取陈某和王某“押金”后，合同即告成立，照相馆应负有为陈某和王某提供拍照服务，并保证按时、完整地将照片（底片）交还给陈某、王某的义务。

二是照相馆制定的《须知》的效力。《须知》是照相馆单方面对消费者作出的规定，不具有法律效力，不能作为拒绝交还照片底片的理由。鉴于照相业是一种特殊的行业，其制定的《须知》尽管存在着不公平、不合理的地方，消费者也只能被动接受，但消费者接受之后，并不等于照相馆的行为变得合法化，因为消费者权益保护法第26条第2款、第3款规定“经营者不得以格式条款、通知、声明、店堂告示等方式，作出排除或者限制消费者权利、减轻或者免除经营者责任、加重消费者责任等对消费者不公平、不合理的规定，不得利用格式条款并借助技术手段强制交易。格式条款、通知、声明、店堂告示等含有前款所列内容的，其内容无效”。由此可见，这种《须知》在法律上应为无效，对陈某、王某没有法律上的约束力。

三是照片底片著作权的归属。艺术照与其他摄影作品一样，是“借助器械在感光材料上记录客观物体艺术形象的作品”，应属有著作权的作品。照相馆为陈某、王某拍摄照片，实际上是受陈某、王某委托而创作摄影作品，我国著作权法第19条规定，受委托创作的作品，著作权的归属由委托人和受托人通过合同约定，合同未作明确约定的，著作权属于受托人。按习惯而言，我国的照相馆与顾客一般是没有著作权归属的约定，所以照相馆所拍照片的著作权自然属于受托人即拍摄者。

四是陈某、王某是否侵犯照相馆底片著作权。我国著作权法第20条明确规定，美术等作品原件所有权的转移，不视为作品著作权的转移。该规定适用任何原件所有权可能转移的作品。摄影作品同美术作品一样，其原件可以转移。所以，照相馆将所拍照片（含底片）交还给陈某、王某，只是将摄影作品原件转移给二人，并不是将摄影作品的著作权转移给二人，故陈某、王某没有侵犯照相馆的著作权。

五是照相馆是否侵害陈某、王某的肖像权。根据我国民法典第1018条和第1019条的规定，自然人享有肖像权，未经肖像权人同意，不得制作、使用、公开肖像权人的肖像，但是法律另有规定的除外。由于本案照相馆并没有使用、公开陈某、王某的底片，故陈某、王某称照相馆侵害其肖像权，缺乏事实根据，法院不予支持。

顾客在照相馆拍摄个人、家庭或集体照片，虽为日常生活所见，但从法律上如何认识这种关系，则不那么简单。本案例的处理，比较全面地反映了这种关系所涉及的法律问题，可资参照。从法律上看，这种常见的日常生活行为或社会关系，同时呈现出多种性质的法律关系：其一为消费服务法律关系，其二为著作权法律关系，其三为物权法律关系，其四还有肖像权法律关系。同时，各种法律关系虽有各自独立的内容，但相互之间又产生制约关系。在这种情况下，消费者、经营者往往只强调各关系的独立内容，而忽略其相互制约关系，这种认识上的片面性，是纠纷的关键所在。应当说，各关系的独立内容较容易分清和理解，相互之间的制约关系不容易分清和理解，法院审判此类案件的重点就在于制约关系的内容如何。

顾客在照相馆照相，属消费服务领域内发生的消费服务法律关系，其权利义务内容受消费者权益保护法的制约。照相馆在店门口摆放的《须知》，属经营者的店堂告示的单方行为。单方行为是指仅由一方行为人的意思表示就能成立的民事法律行为。依据消费者权益保护法第26条的规定，如其内容不公平、不合理的，则该内容无效，对消费者不具有约束力。《须知》的内容不公平、不合理在什么地方，是首先应确认的问题。按照惯例，顾客到照相馆照相所交费用，包括照相的成本费用和服务费用等所有费用，其对价为取得正片（底片）和一定数量的负片，而且主要的是取得正片。因此，《须知》中顾客应放大到24寸以上才给回底片和对不放大的底片按每张150元计价让顾客买回的内容，违背了惯例，重复且高价收取费用，有强迫顾客与之进行不平等交易的故意。这就是不公平、不合理之处，应予否定。

照片确为受著作权法保护的摄影作品，本案这种情况下的摄影作品在法律属性上为委托作品，并依著作权法第19条规定，如果双方没有约定著作权归属的，则著作权归受托人即摄影者享有。同时，底片为作品原件，交付给顾客是作品原件所有权的转移，依著作权法第20条的规定，著作权并不随之转移，仍属拍摄者。这种推理和认识并无不当。但同时还应认识到，在消费服务下产生的顾客照片，因顾客的肖像载于其上，对顾客肖像权的保护和对顾客应有作品原件（底片）的保护，要优于对拍摄者的著作权的保护。其客观后果是，拍摄者空有著作权之名，著作权的各项权能对顾客不具有任何约束力，著作权的内容已被顾客的肖像权及其物权内容所覆盖、淹没。所以，顾客照的拍摄者以著作权来对抗顾客取得作品原件的请求权和顾客对照片的使用，是没有法律意义和实际意义的，是徒劳之举。

【法条指引】

中华人民共和国消费者权益保护法

第二十六条 经营者在经营活动中使用格式条款的，应当以显著方式提请消费者注意商品或者服务的数量和质量、价款或者费用、履行期限和方式、安全注意事项和风险警示、售后服务、民事责任等与消费者有重大利害关系的内容，并按照消费者的要求予以说明。

经营者不得以格式条款、通知、声明、店堂告示等方式，作出排除或者限制消费者权利、减轻或者免除经营者责任、加重消费者责任等对消费者不公平、不合理的规定，不得利用格式条款并借助技术手段强制交易。

格式条款、通知、声明、店堂告示等含有前款所列内容的，其内容无效。

中华人民共和国著作权法

第十九条 受委托创作的作品，著作权的归属由委托人和受托人通过合同约定。合同未作明确约定或者没有订立合同的，著作权属于受托人。

第二十条 作品原件所有权的转移，不改变作品著作权的归属，但美术、摄影作品原件的展览权由原件所有人享有。

作者将未发表的美术、摄影作品的原件所有权转让给他人，受让人展览该原件不构成对作者发表权的侵犯。

2. 辅助性旅游企业造成旅游者伤亡，旅行社在承担责任后是否有权向过错方追偿？

【维权要点】

经营者应当保证其提供的商品或者服务符合保障人身、财产安全的要求。对可能危及人身、财产安全的商品和服务，应当向消费者作出真实的说明和明确的警示，并说明和标明正确使用商品或者接受服务的方法以及防止危害发生的方法。

【典型案例】

某旅行社组织的旅客聚集在某峡谷谷底唯一的缆车乘坐点，等待乘坐缆车去山顶吃午饭。11 时 10 分，面积仅有五六平方米的缆车厢，竟满载了 35 名乘客，缓慢上升，10 多分钟后到山顶平台停了下来。工作人员走过来打开了缆车小门，就在这一瞬间，缆车不可思议地慢慢往下滑去。缆车缓慢滑行了 30 米后，便箭一般向山下坠去，一声巨响后重重地撞在 10 米下的水泥地面上，造成部分乘客死伤。后经过调查发现：（1）缆车自 1995 年使用以来，一直没有向有关部门办理过经营手续，而且它是由一名姓黄的个人向风景区主管单位承包经营的。（2）出事前几天，当地劳动部门对缆车进行过检验，发现了一些问题，已提醒了风景区有关人士，并决定要将其准载人数从 20 人减为 12 人。（3）缆车旁原来有一条可以上山的小道，但为了让人们都乘坐缆车，赚取每人 10 元的费用，小道一直被封闭着，一块写有“此路不通”的木板横在小道入口。

由于死伤游客出发前每人购买了最高赔额几万元的意外伤亡保险，于是保险公司派人到现场，确认属意外事故。但就承担赔偿责任问题有很大争议。

【法官讲法】

本案争论的焦点是应当由谁来承担赔偿责任。一直以来，由于旅游企业严重不负责任造成旅游者人身伤亡事故的事例时有发生，暴露出旅游业的一些严重问题，同时也引起人们对于这其中存在的法律问题的关注，现对本案中涉及的几种法律关系予以分析。

第一，旅行社与旅游者之间的合同法律关系。对于旅游合同的界定，国内学者有多种表达。有的学者认为，旅游合同是指由双方当事人约定，一方提供旅游服务，另一方交付约定旅游费的合同。有的学者认为，旅游合同有广义与狭义之分，狭义旅游合同仅指旅游者与旅游业经营者所订旅行及游览契约；广义旅游合同则包括狭义旅游契约及旅游者运送契约、旅游者住宿契约。旅行社作为合同一方，在旅游合同履行期间有保护旅游者人身、财产安全的法定义务，如发生人身、财产的损害，旅行社有赔偿的义务。旅游企业分为专门的旅游企业与辅助性旅游企业，在一般情况下，旅游者只与专门的旅游企业如各类旅行社签订合同，在旅游合同履行过程中，专门的旅行企业再与辅助性旅游企业签订合同（通常表现为买公园门票、付餐费等）以履行合同义务，所以旅游者往往不同辅助性旅游企业有合同关系，如旅游者发生人身、财产损害，应由专门的旅游企业承担赔偿责任。

第二，专门的旅游企业与辅助的旅游企业之间的合同关系。前者往往通过与后者的合同履行自己与旅游者的合同义务，前者按照自己与旅游者约定的服务水准要求后者，如后者违约，前者往往也会随之违约，从而向旅游者承担违约责任，之后再向辅助旅游企业要求承担违约责任。违约责任是指当事人不履行合同债务而依法应当承担的法律责任。违约责任既是违约法律的后果，同时也是合同效力的表现。

第三，旅游者与保险企业之间的保险合同关系。目前旅游消费者往往通过旅行社或亲自与保险企业签订保险合同，在旅游合同履行期间（此期间往往也是此种保险合同的有效期间）发生保险事故，保险企业应依合同约定和法律规定向旅游者支付保险金。

第四，事故责任方及责任人员的行政责任问题。在我国旅游法律规定中，行政责任具体通过旅游行政部门作出行政处罚的方式来实现。对单位进行处罚的方式有：警告、罚款、没收、责令停止营业、撤销、吊销营业执照等。对有责任的个人进行处罚的方式有开除、警告、行政拘留、罚款等。承担行政责任的前提是客观上有违反我国有关法律规定的行为，主观上对自己的违法行为有过错。

第五，过错的责任人承担刑事责任问题。旅游者的人身、财产安全受到侵害，情节严重构成犯罪的，旅游经营单位的有关责任人员，应受到刑事追究。

在本案中，首先应确定这是一起人为事故，而非意外事故，其理由是缆车设计上有严重缺陷，不符合国家标准，也未拿到安全使用许可证，从设计、安装到使用，均未按规定办理手续，缆车的所有者或经营者自然成为事故的责任方，应承担一切责任。但具体的责任人是谁，虽然缆车几经承包，但最终的责任者应是投入使用的缆车的所有者或经营者，但缆车的承包者仍难辞其咎，因为他应明白缆车的安全使用要求，若无法安全使用则应采取措施，况且封闭缆车旁边小路迫使游客乘缆车且未阻止缆车超员，所以最终应由缆车的承包者与经营者共同承担责任，但缆车的经营者应承担主要责任。

虽然确定了最终的责任者，但在程序上，对旅游者死伤直接承担责任的应是与旅游者有直接旅游合同关系的旅行社。旅行社承担了赔偿责任后，有权向事故的责任者请求赔偿。因为在旅游合同存在的同时，有保险合同的有效存在，既然发生了保险事故，保险公司应按合同对死伤的旅游者进行理赔。关于保险理赔与旅行社赔偿的关系，按照保险法的规定，应先由保险公司按合同支付保险金，再由保险公司取得代位求偿权向有责任的第三人追偿，即向旅行社追偿。如死伤者的实际损失超过保险金，旅行社仍应就超过部分向旅游者进行赔偿。

操纵缆车的工作人员应严格禁止多余的人员上车，对此所属单位应给予行政处分。有关部门应责令缆车的承包者停止营业，并给予罚款等处罚。此外，在这一伤亡事故中，有责任的人员若触犯了刑法，应追究其刑事责任。

关于赔偿标准，根据民法典和消费者权益保护法的有关规定，死者的亲属有权请求赔偿的费用包括死者的丧葬费、受死者扶养的人的必要生活费用、慰抚金以及死者死亡之前的医疗费等。同时对于伤残者应赔偿因误工减少的收入，残疾生活辅助具费、住院期间的伙食补助费，必要的营养费、护理费、治疗期间的交通费及一定的精神损害赔偿。

【法条指引】

旅行社条例

第三十七条 旅行社将旅游业务委托给其他旅行社的，应当向接受委托的旅行社支付不低于接待和服务成本的费用；接受委托的旅行社不得接待不支付或者不足额支付接待和服务费用的旅游团队。

接受委托的旅行社违约，造成旅游者合法权益受到损害的，作出委托的旅行社应当承担相应的赔偿责任。作出委托的旅行社赔偿后，可以向接受委托的旅行社追偿。

接受委托的旅行社故意或者重大过失造成旅游者合法权益损害的，应当承担连带责任。

第三十八条 旅行社应当投保旅行社责任险。旅行社责任险的具体方案由国务院旅游行政主管部门会同国务院保险监督管理机构另行制定。

第三十九条 旅行社对可能危及旅游者人身、财产安全的事项，应当向旅游者作出真实的说明和明确的警示，并采取防止危害发生的必要措施。

发生危及旅游者人身安全的情形的，旅行社及其委派的导游人员、领队人员应当采取必要的处置措施并及时报告旅游行政管理部门；在境外发生的，还应当及时报告中华人民共和国驻该国使领馆、相关驻外机构、当地警方。

中华人民共和国民法典

第一百八十六条 因当事人一方的违约行为，损害对方人身权益、财产权益的，受损害方有权选择请求其承担违约责任或者侵权责任。

第五百八十五条 当事人可以约定一方违约时应当根据违约情况向对方支付一定数额的违约金，也可以约定因违约产生的损失赔偿额的计算方法。

约定的违约金低于造成的损失的，人民法院或者仲裁机构可以根据当事人的请求予以增加；约定的违约金过分高于造成的损失的，人民法院或者仲裁机构可以根据当事人的请求予以适当减少。

当事人就迟延履行约定违约金的，违约方支付违约金后，还应当履行债务。

第五百九十三条 当事人一方因第三人的原因造成违约的，应当依法向对方承担违约责任。当事人一方和第三人之间的纠纷，依照法律规定或者按照约定处理。

中华人民共和国消费者权益保护法

第十八条 经营者应当保证其提供的商品或者服务符合保障人身、财产安全的要求。对可能危及人身、财产安全的商品和服务，应当向消费者作出真实的说明和明确的警示，并说明和标明正确使用商品或者接受服务的方法以及防止危害发生的方法。

宾馆、商场、餐馆、银行、机场、车站、港口、影剧院等经营场所的经营者，应当对消费者尽到安全保障义务。

第二十三条 经营者应当保证在正常使用商品或者接受服务的情况下其提供的商品或者服务应当具有的质量、性能、用途和有效期限；但消费者在购买该商品或者接受该服务前已经知道其存在瑕疵，且存在该瑕疵不违反法律强制性规定的除外。

经营者以广告、产品说明、实物样品或者其他方式表明商品或者服务的质量状况的，应当保证其提供的商品或者服务的实际质量与表明的质量状况相符。

经营者提供的机动车、计算机、电视机、电冰箱、空调器、洗衣机等耐用商品或者装饰装修等服务，消费者自接受商品或者服务之日起六个月内发现瑕疵，发生争议的，由经营者承担有关瑕疵的举证责任。

3. 旅客遭受意外伤害，旅行社应否承担赔偿责任？

【维权要点】

旅行社对可能危及旅游者人身、财产安全的事项，应当向旅游者作出真实的说明和明确的警示，并采取防止危害发生的必要措施。发生危及旅游者人身安全的情形的，旅行社及其委派的导游人员、领队人员应当采取必要的处置措施并及时报告旅游行政管理部门；在境外发生的，还应当及时报告中华人民共和国驻该国使领馆、相关驻外机构、当地警方。

【典型案例】

2021 年 5 月 12 日，沈某与上海某中学 10 人向上海某旅行社购买了 10 张长江三峡旅游票，时间从 5 月 16 日至 25 日，同年 5 月 13 日，沈某与该中学 10 人持上海某旅行社交给的火车票，由上海乘坐列车开往重庆。列车行驶至重庆綦江车站附近时，沈某在车厢内右眼被窗外飞石击中，所戴镜片被击碎，右眼流血不止。在同车上海某中学同学和列车长的帮助下，沈某持列车长开具的证明在重庆铁路医院治疗。次日，沈某家属二人乘飞机到达重庆，了解有关事宜后，沈某随家属于当日乘机返沪，入住上海宝山医院治疗，住院 2 个月，经治疗右眼已不能复明。8 月，沈某向法院提起诉讼。

【法官讲法】

本案的审理主要有以下两种意见：

一种意见认为：上海某旅行社、某铁路分局未按合同向沈某提供安全的旅途服务，因此应当共同承担赔偿沈某医药费、误工费、车旅费、营养费、精神损失费、火车票强制保险费及其他损失。沈某购买上海某旅行社的旅游票，双方构成旅游服务合同，所以上海某旅行社对于沈某的人身安全负有主要责任，某铁路分局负有次要责任。

另一种意见认为：对于沈某的损失，沈某乘坐某铁路分局列车，并在其管辖区域内发生意外伤害事故，故某铁路分局对沈某的人身伤害负有主要赔偿责任。上海某旅行社与沈某虽签订了旅游合同，但沈某遭受的伤害与旅游合同没有直接联系。沈某的伤害系某铁路分局的旅途服务所致，因而不负主要责任。

旅游是一种生活消费。旅游业务包括交通运输、宾馆餐厅、名胜景点观光、导游等服务。游客购买旅行社的旅游票，旅游者和旅行社之间的旅游服务合同即告成立，游客成为旅游业消费者，其合法权益应受到民法典、消费者权益保护法、旅游业相关法规的保护。

旅游活动当事人之间依法就旅游合同的主要条款经过协商一致，旅游合同就成立了。就旅游合同来说，学者对其界定也有多种表达。有的学者认为，旅游合同是由双方当事人约定，一方提供旅游服务，另一方交付约定旅游费的合同。有的学者认为，旅游合同有广义和狭义之分，狭义旅游合同仅指旅游者与旅游业经营者所订旅行及游览契约；广义旅游合同则包括狭义旅游契约及旅游者运输契约、旅游者住宿契约。在现实生活中，旅游合同成立主要表现为旅游者购买旅行社的旅游票的行为。按照旅游合同，旅游承揽人或经营者有义务安排消费者享受约定的旅游服务。从保护消费者的利益，督促旅游业经营者为旅游者提供高质量服务的角度，旅游合同的承揽人应承担以下义务，同时也是旅游者依我国旅行社条例及其实施细则等旅游法规应享有的权利：(1) 旅游宣传招徕真实，不得做不实甚至欺诈的广告宣传。(2) 旅游线路由旅游者自由选择。(3) 旅游价格合理。(4) 按旅游合同约定的日期、班次、路线、标准，为旅游者提供服务。(5) 保护旅游者人身安全。旅游业经营者有义务采取必要措施防止旅游者遭受人身伤害，并应按法律规定为旅游者办理人身意外事故保险。(6) 保护旅游者随身携带的财物的安全，防止丢失和被窃。(7) 旅游过程中遇有突发事故，旅游业经营者有义务照顾旅游者，如有旅游者患病、受伤，有义务将其送至医院治疗。

旅游业经营者的以上义务，往往是以合同的普通条款的形式存在的。合同的普通条款，是指合同主要条款以外的条款。一般是基于当事人的行为，或基于合同的明示条款或基于法律的规定，理应存在的合同条款，即使合同未规定，当事人也必须遵守。在旅游合同中，旅游业经营者只要与旅游者签订了旅游合同，就必须依有关法律履行以上义务。

在本案中，合同规定了上海某旅行社应向沈某提供安全的旅游服务，在合同履行过程中，沈某遭受了人身伤害，上海某旅行社当然应按合同规定承担赔偿责任。退一步讲，即使合同中未作此规定，上海某旅行社仍要承担责任，因为旅行社有保护沈某的人身安全的法定义务。沈某持旅行社交给的火车票乘车，在车厢内右眼被窗外飞石击中，属于意外事件，旅行社在此过程中并无过错。但正因为旅行社保护沈某（旅游者）人身安全的义务是法定的而不是单纯的合同义务，所以不以过错原则作为归责原则，即使无过错，也须承担责任。

在本案中，还有某铁路分局的存在，使得人们容易产生这样的误解：沈某是持某铁路分局的火车票在乘车期间被石块意外击伤，依铁路旅客运输管理规则应由某铁路分局承担全部赔偿责任，而上海某旅行社则无须承担责任。其实，沈某买了旅行社的旅游票，即与旅行社签订了旅游合同，在该合同有效期内，旅行社应为旅游者的安全负责，发生人身伤害包括意外人身伤害的，旅行社须承担民事赔偿责任；同时，沈某持某旅行社交给的火车票乘车，又与铁路分局发生了合同关系——旅客运输合同。在这两个有效合同同时存在的情况下，沈某遭受人身伤害，依照两个合同，或即使两个合同没有分别规定旅行社和铁路分局的义务，依有关规定，旅行社和铁路分局均应承担赔偿责任。

【法条指引】

中华人民共和国民法典

第五百八十五条第一款、第二款 当事人可以约定一方违约时应当根据违约情况向对方支付一定数额的违约金，也可以约定因违约产生的损失赔偿额的计算方法。

约定的违约金低于造成的损失的，人民法院或者仲裁机构可以根据当事人的请求予以增加；约定的违约金过分高于造成的损失的，人民法院或者仲裁机构可以根据当事人的请求予以适当减少。

第一千一百八十六条 受害人和行为人对损害的发生都没有过错的，依照法律的规定由双方分担损失。

中华人民共和国消费者权益保护法

第十八条 经营者应当保证其提供的商品或者服务符合保障人身、财产安全的要求。对可能危及人身、财产安全的商品和服务，应当向消费者作出真实的说明和明确的警示，并说明和标明正确使用商品或者接受服务的方法以及防止危害发生的方法。

宾馆、商场、餐馆、银行、机场、车站、港口、影剧院等经营场所的经营者，应当对消费者尽到安全保障义务。

第四十九条 经营者提供商品或者服务，造成消费者或者其他受害人人身伤害的，应当赔偿医疗费、护理费、交通费等为治疗和康复支出的合理费用，以及因误工减少的收入。造成残疾的，还应当赔偿残疾生活辅助具费和残疾赔偿金。造成死亡的，还应当赔偿丧葬费和死亡赔偿金。

旅行社条例

第三十九条 旅行社对可能危及旅游者人身、财产安全的事项，应当向旅游者作出真实的说明和明确的警示，并采取防止危害发生的必要措施。

发生危及旅游者人身安全的情形的，旅行社及其委派的导游人员、领队人员应当采取必要的处置措施并及时报告旅游行政管理部门；在境外发生的，还应当及时报告中华人民共和国驻该国使领馆、相关驻外机构、当地警方。

4. 未成年人在“儿童开心乐园”受伤，经营者应否承担赔偿责任？

【维权要点】

经营者应当保证其提供的商品或者服务符合保障人身、财产安全的要求。对可能危及人身、财产安全的商品和服务，应当向消费者作出真实的说明和明确的警示，并说明和标明正确使用商品或者接受服务的方法以及防止危害发生的方法。

【典型案例】

2012年4月16日下午，福建省厦门市二年级的小学生黄某与三位同学一起到厦门某公园游玩，中午在肯德基所属的华侨餐厅用餐后，进入设在该餐厅的“儿童开心乐园”玩耍。由于当时园内小朋友多，人群比较拥挤，餐厅内无人疏导，黄某在滑梯上被其他小朋友挤倒，摔倒在地上受伤。经医院诊断为右腿骨折。

事后，黄某的父亲数次与该肯德基餐厅交涉，所得答复是：肯德基“儿童开心乐园”内的娱乐设施都是经过国际安全认证的，除非有权威机构能够证明这些设施在安全上存在问题，肯德基才对摔伤事件负责。黄某的父亲于是起诉至法院。

【法官讲法】

本案的焦点是黄某在肯德基开设的“儿童开心乐园”玩耍受伤后，由谁承担该事件责任的问题，对此，有以下两种不同的意见。

一种意见认为：黄某在“儿童开心乐园”受伤，系被其他小朋友撞倒，因此黄某有权要求加害人承担一定的责任，同时该肯德基作为经营者，其经营不力管理不善，而黄某系无民事行为能力人，而且肯德基也没有尽到监护人的责任，所以肯德基应负主要责任。

另一种意见认为：黄某从滑梯上滑下系被其他小朋友撞倒，而那些小朋友均系无民事行为能力人，因此黄某的加害人不承担任何责任，肯德基应负主要民事责任。而黄某的家长同样没有尽到监护人的责任，所以应负次要责任。

一审法院审理后认为：黄某在“儿童开心乐园”玩耍时，因被他人从滑梯上挤下而摔伤，有依法向有关责任人追偿的权利。各责任方应负相应的赔偿责任。从滑梯上将黄某挤下的责任人是直接加害人，应对本案负主要责任。黄某在无法举证这一加害人的前提下，可保留对其追偿的权利。肯德基开展促销活动，将儿童游乐活动引入该餐厅内，设置“儿童开心乐园”。但忽略了现场安全管理和疏导工作，没有尽到组织者应有的责任。因此，对本案黄某损伤事实负有次要责任。黄某系无民事行为能力人，其法定监护人放任黄某擅自到“儿童开心乐园”玩耍，产生损害的后果，原告监护人未尽监护之责，亦应负次要责任。

我们若是依据民法典及其司法解释和消费者权益保护法的有关规定加以分析，就会不难看出，人民法院在此案中对责任主体的认定是错误的，本案的判决不能算作合法合理。

我们认为，法院判决有两点值得商榷：第一，法院认为，“黄某在无法举证加害人的前提下，可保留对其追诉的权利”。这种情况，在法律上应解释为“履行不能”，履行不能是指债务人在客观上已经没有履行能力。履行不能通常可分为自始不能与嗣后不能，自始不能属于债务成立的问题，嗣后不能属于债务履行的问题。在本案举证上黄某根本无法找到加害人。从这种意义上讲，黄某实际上是没有胜诉的。在“儿童开心乐园”内，作为黄某法定监护人的家长，是不允许入内的，孩子受到伤害时，即使看到是谁导致其摔倒，也未必能记得住。同时，对于儿童的证言，其证据力也明显要受到限制，在此种意义上，黄某举证证明加害人是不可能的，从证据学的角度，法院的判决是站不住脚的。

第二，法院对监护责任没有分清楚。在“儿童开心乐园”中的无民事行为能力人受到伤害或给他人造成损害，“儿童开心乐园”所属单位负有监护人的责任，而法定监护人无法进入“儿童开心乐园”履行监护职责，在此种情形下已暂时脱离了监护人的身份。本案的加害人和受害人都是无民事行为能力人，“儿童开心乐园”是加害人和受害人的临时监护人。

我们认为，本案的责任主体应是肯德基餐厅。

首先，肯德基属于商业组织，是营利法人组织，没有“义务”开设游乐场所，一旦以促销手段设立游乐场所后，就是经营者的经营场所，所以必须保障消费者的人身、财产安全。儿童在“儿童开心乐园”玩耍是消费者接受商品或服务的组成部分。根据消费者权益保护法第 7 条的规定，消费者在购买、使用商品和接受服务时享有人身、财产安全不受损害的权利。消费者有权要求经营者提供的商品和服务，符合保障人身、财产安全的要求。该法第 18 条第 1 款规定：“经营者应当保证其提供的商品或者服务符合保障人身、财产安全的要求。对可能危及人身、财产安全的商品和服务，应当向消费者作出真实的说明和明确的警示，并说明和标明正确使用商品或者接受服务的方法以及防止危害发生的方法。”经营者有保证“儿童开心乐园”儿童消费者人身安全的义务，造成伤害，是对该法定义务的违反，经营者必须负主要责任。

其次，在“儿童开心乐园”直接造成儿童伤害的加害人系无民事行为能力人，而加害人的法定监护人又不能进入，如前所述，经营者允许进入“儿童开心乐园”游玩的儿童给他人造成损害的，应由经营者承担责任。

最后，肯德基开设“儿童开心乐园”，即是加害人的监护人，也同时是被害人的监护人，根据民法典及有关司法解释，负有监护责任。因为“儿童开心乐园”不允许家长入园看护，所以被害人家长不应负次要责任。

【法条指引】

中华人民共和国民法典

第三十四条第一款至第三款　监护人的职责是代理被监护人实施民事法律行为，保护被监护人的人身权利、财产权利以及其他合法权益等。

监护人依法履行监护职责产生的权利，受法律保护。

监护人不履行监护职责或者侵害被监护人合法权益的，应当承担法律责任。

中华人民共和国消费者权益保护法

第七条 消费者在购买、使用商品和接受服务时享有人身、财产安全不受损害的权利。

消费者有权要求经营者提供的商品和服务，符合保障人身、财产安全的要求。

第十八条 经营者应当保证其提供的商品或者服务符合保障人身、财产安全的要求。对可能危及人身、财产安全的商品和服务，应当向消费者作出真实的说明和明确的警示，并说明和标明正确使用商品或者接受服务的方法以及防止危害发生的方法。

宾馆、商场、餐馆、银行、机场、车站、港口、影剧院等经营场所的经营者，应当对消费者尽到安全保障义务。

5. 游泳池管理不善造成严重后果，经营者应否承担赔偿责任？

【维权要点】

经营者提供商品或者服务，造成消费者或者其他受害人人身伤害的，应当赔偿医疗费、护理费、交通费等为治疗和康复支出的合理费用，以及因误工减少的收入。造成残疾的，还应当赔偿残疾生活辅助具费和残疾赔偿金。造成死亡的，还应当赔偿丧葬费和死亡赔偿金。

【典型案例】

2014年5月17日下午3时左右，某市红星机床厂离休干部刘某到某学院购票入池游泳，死于该游泳池内。其家属见其一夜未归，第二天早上7时到游泳池，要求管理人员查找，遭到拒绝。8时左右，其家属又一次托人要求管理人员检查，管理人员勉强打开男更衣室，发现刘某的衣裤锁在232号换衣柜内。在亲属的一再哀求下，游泳池工作人员开始清场打捞，于上午10时左右，从该游泳池深水区3米处将尸体打捞出池。管理人员的要求是：赶快搬走尸体，以免影响营业。管理人员以“领导放假不能来”为由，不通知学院领导到场解决问题。后由刘某所在单位出函，其子女将刘某的尸体存放在某殡仪馆至同年6月24日火化。5月26日，死者家属投诉到省消费者协会，要求按照消费者权益保护法规定，游泳池经营方向死者家属承认错误，赔礼道歉，同时赔偿相应损失。消费者协会调查查明：(1) 该游泳池以对内为主，兼对外业务，深水区水深最深处达7米，只配备一名救生人员，且该救生员未经有关部门考核；并且在出事当时，因下雨多数游泳者已上岸，救生员到雨棚躲雨，擅自离开了工作岗位。(2) 管理人员在每场结束后不进行清场，致使游泳者死亡而衣物尚存现象不能被及时发现，未采取相应措施。(3) 该游泳池安全网、水深标志指挥台、救生器械、急救室等设备不全，不具备对外营业的条件而对外营业。(4) 凭健康证购票入池制度形同虚设。省消协主持调解，但双方当事人因对赔偿数额分歧较大而未达成协议。死者家属后在消协的支持下，向某人民法院起诉。该法院法医活体检验鉴定中心委托某医学院法医教研室作了尸检，结论为：刘某系因游泳过程中冠心病急性发作而死亡，属病理性死亡。

【法官讲法】

这是一起典型的因服务者违反强行法的规定，服务质量差而导致消费者意外死亡的纠纷案件。一般而言，公众较为关注的是商品（有形商品）质量问题造成消费者权益受侵害，而较少关注服务质量问题。随着经济的发展，消费者接受服务消费将呈快速发展趋势，无论是经营者还是消费者，都应该从本案中吸取教训。提供服务的经营者首先应该确立服务意识，接受服务的消费者应当保护自己接受服务时权益不受侵害。

本案事实清楚，经营者首先违反了有关强行法的规定，即国家对游泳场所经营管理方的要求；同时服务态度和服务质量十分差。这两点结合在一起，首先导致的是消费者的死亡；其次是死亡的事实迟迟不能被发现且处理善后事宜态度恶劣。虽然消费者经检验鉴定是属于病理性死亡，但正如法院所认定的，管理者的违法和管理方法差是死亡的一个条件。对于事实，没有讨论的必要，下面我们仅结合此案讨论一下经营者致消费者死亡所需承担的责任问题。

生命权是消费者或其他公民最基本的权利之一，是其享有的维护其生命安全，不容他人侵犯的权利。离开了人的自然肌体的存在，其他权利就失去了赖以存在的基础。法律学上的生命，是指自然人的生命，是人体维持其生存的基本的物质活动能力。人的生命是人的最高人格利益，具有至高无上的人格价值。生命是人具有民事权利能力的基础。基于此，民法典规定，自然人的民事权利能力始于出生终于死亡；生命具有不可替代性。世界上“没有类似生命的东西，也不能在生命之间进行比较”，人的生命“没有什么法律的替换品或代替物”。因此，我国法律从多方面规定了保护公民生命权的法律手段。消费者权益保护法第49条规定了在消费领域侵犯消费者或者其他人生命权的法律责任，实际上是从另一角度对公民的生命权的保护。在实际生活中，经营者提供商品或服务造成消费者或他人死亡的事件时有发生，主要是由于提供涉及消费者人身健康和安全的商品或服务的经营者违反有关法律的规定，提供的商品或服务不符合有关标准。对于造成消费者或其他人死亡的，经营者承担责任时应承担以下几种费用：一是丧葬费，是指安葬死者所支付的费用。丧葬费应以死者当地当时一般丧葬所需的费用标准来确定。一般而言，国家提倡实行火葬，但有的地方当时大多数实行土葬，所以应分为两种标准。如当地实行火葬，就应当以火葬来计算费用；如果实行土葬，则应以土葬计算费用。二是死亡赔偿金。以消费者权益保护法规定的赔偿范围来分析，死亡赔偿金不属于实际财产损失的赔偿，其性质同残疾赔偿金相似，属于精神损害赔偿或对受害人的亲属的抚慰金。因为受害人的死亡必然给其亲属造成生活上的种种困难和精神上的巨大创伤。对受害人的亲属这种巨大的精神创伤给予精神损害赔偿是非常必要的，消费者权益保护法对死亡赔偿金的规定是我国立法上的一个重大突破，有利于更好地维护消费者的合法权益。原则上死亡赔偿金应以能够给受害人亲属精神上带来一定的抚慰作用为宜，数额不能太低，但也不能太高。既要考虑数额上合情合理，也要适当考虑加害人的生产经营状况和负担能力，还应综合考虑案件的具体情况，诸如经营者的主观因素、受害人对损害事实的发生有无责任等。在此基础上，应由双方协商、消费者协会调解或者通过有关行政机构、人民法院确定一个合理的赔偿数额。总之，确定死亡赔偿金时应对各种因素进行综合分析。

本案中，因法院判决的报道资料有限，我们不能得知具体的赔偿数目；但至少我们认为被告应负担如下费用：丧葬费、死亡赔偿金。究其原因如下：首先，丧葬费没有争议，因为死者死亡的条件之一是经营者违法经营。其次，关于死亡赔偿金，被告仍然需要负担，这是因为经营者服务态度太差，给死亡者家属造成了本应可以避免的精神创伤，其体现在死者家属一再要求管理人员检查打捞遭到拒绝，尸体打捞上后迟迟不进行善后处理，这应该说对死者的家属的精神打击很大。当然，本案中，某学院虽承担责任，但死者家属也有一定的过错。关于过错，有三种不同的学说：第一种是主观说，以德国民法典为代表。主观过错说认为过错是一种应受非难的心理状态，与行为人的外部行为有严格的区别，因此过错与违法行为属于两种不同的归责要件。第二种是客观说，认为过错并非行为人的主观心理态度具有应受非难性，而在于行为具有应受非难性，如果行为人的行为不符合某种标准即为过错，因此，过错与违法行为属于一个归责要件。第三种是综合说，认为过错既是一种心理状态，又是一种行为活动。行为人进行某种行为时的心理状态必然通过其具体行为体现出来。判断一个人有无故意或者过失，总是和一定的行为联系在一起的，并以其行为为其前提和条件。如果没有一定的行为，不管怎样的心理状态，都谈不上有过错。否认过错与违法行为之间的联系不是一种客观的实事求是的态度，但是因此而将过错与违法行为混为一谈，抹杀了二者之间的特点与独立价值也有失偏颇。

从资料上看，死者系离休干部，从我国政策规定看，死者年龄应当较大，同时冠心病一般可能有先例，且死者下午 3 点离家游泳未归，家属第二天 7 点才找到出事地点，这也是造成尸体浸泡达 16 个小时的原因之一。因而分析各方面情况看，某学院应当在承担责任时有所减轻，否则不公平。

【法条指引】

中华人民共和国消费者权益保护法

第二十三条　经营者应当保证在正常使用商品或者接受服务的情况下其提供的商品或者服务应当具有的质量、性能、用途和有效期限；但消费者在购买该商品或者接受该服务前已经知道其存在瑕疵，且存在该瑕疵不违反法律强制性规定的除外。

经营者以广告、产品说明、实物样品或者其他方式表明商品或者服务的质量状况的，应当保证其提供的商品或者服务的实际质量与表明的质量状况相符。

经营者提供的机动车、计算机、电视机、电冰箱、空调器、洗衣机等耐用商品或者装饰装修等服务，消费者自接受商品或者服务之日起六个月内发现瑕疵，发生争议的，由经营者承担有关瑕疵的举证责任。

第四十九条 经营者提供商品或者服务，造成消费者或者其他受害人人身伤害的，应当赔偿医疗费、护理费、交通费等为治疗和康复支出的合理费用，以及因误工减少的收入。造成残疾的，还应当赔偿残疾生活辅助具费和残疾赔偿金。造成死亡的，还应当赔偿丧葬费和死亡赔偿金。

6. 娱乐场所设施不安全导致人死亡，应否承担赔偿责任？

【维权要点】

消费者在购买、使用商品和接受服务时享有人身、财产安全不受损害的权利。消费者有权要求经营者提供的商品和服务，符合保障人身、财产安全的要求。

【典型案例】

2021 年 7 月 9 日下午，马某带着 5 岁女儿去市儿童公园游玩。下午 1 时许，其女看见公园靠西边的地方有一部滑梯，便挣脱父亲的手，跑向滑梯，当上至离滑梯顶部差二个阶梯时，从阶梯空档处掉下来，造成多发性开放粉碎性颅骨骨折，脑内血肿，因伤势过重，经抢救无效，于 7 月 14 日上午 11 时 30 分死亡。儿童公园未采取任何安全措施，也未在醒目处张贴游玩须知。马某于是要求公园赔偿死亡赔偿金 1236220 元，并承担本案诉讼费用。

【法官讲法】

随着人们生活水平的提高，各种各样的娱乐场所开始涌现。同时由于娱乐场所设施不安全造成的伤害事故也随之增多。娱乐方面的消费者权益保护日益成为消费者保护中一个崭新而重要的领域。

游客购买了公园的门票，双方即成立了合同关系，公园即应为游客提供安全的服务，若由于公园的设施不符合安全要求造成游客人身伤亡，理应承担赔偿责任。作为消费者在购买商品或有偿利用服务时有权要求人身健康和生命不受商品和服务的损害，这是消费者的一项最基本的权利。这种权利包括消费者在有偿利用服务时，有权要求服务没有危险。在娱乐消费当中，进行娱乐的消费者人身方面的危险来自游乐设施、食品、服务等，最主要的是设施。任何可能给人身造成损害的游乐设施在投入使用前，均应获得相应的安全许可证等一系列安全证件，并应按照规定定时进行安全检查和维修，同时应在显著位置标明使用时的安全注意事项。如设施的管理人违反这些法定义务，并因此造成消费者人身伤亡，应按照法律规定承担赔偿责任。

专为儿童娱乐的设施，其使用还具有一定的特殊性，因其使用行为是无民事行为能力或限制民事行为能力的未成年人，无民事行为能力是指自然人不具有以自己的行为取得民事权利和承担民事义务的能力。限制民事行为能力又称不完全民事行为能力，是指自然人在一定范围内具有民事行为能力，超出一定范围不具有相应的民事行为能力。未成年人对事物的认识还不会像成年人那样成熟、有判断力，所以需要格外的安全保护。设施的管理人应根据未成年人的心智特点、身体条件弥补设施的安全漏洞，并应在显著位置标明要求有成年人看护方可使用的字样。这里就涉及一个监护人的责任问题。通常儿童娱乐场所安全问题引起的纠纷都会涉及这个问题。儿童使用娱乐设施，有时是一个人独自使用，周围未有其监护人或学校的教师等；有的是有教师在场，有的是有父母在场。这时就会提到监护人的责任问题。因为儿童游乐设施本身的安全是一方面，但未成年人的监护人仍负有保护其人身安全的义务，对设施本身存在的危险性，成年人应以自己的经验和判断力为儿童避免这种危险，如因自己的过失照顾不当致使儿童人身伤害，应当承担责任。

当儿童在游乐场所不安全设施上玩耍致人身伤亡，而这期间其监护人又未尽到监护义务，承担责任的主体就是两个：不安全设施的管理人和儿童的监护人。在民法理论上，这种情况属于双方责任。民事责任依当事人产生的过错情况，分双方责任和单方责任。单方责任是指由于一方有过错的违法行为造成损害后果而应由一方承担的责任。双方责任也叫双方过错责任或称混合过错责任，是当事人共同过错造成的。共同过错也叫共同侵权行为和共同致人损害，它是指两个或两个以上的行为人，居于共同的故意或过失致他人损害。凡是共同过错的都应依其过错承担相应的民事责任。

在此类儿童游乐设施不安全导致儿童人身伤亡的纠纷中，往往还会有儿童不遵守有关规定，本身有过失的情况，这一情况也是确定责任时必须考虑的因素。在这种损害结果的发生是由致害与受害双方的过失共同造成的情况下，即混合过错的情况下，有“过失相抵”原则的适用。过失相抵原则是指当损害的发生或扩大被害人也有过失时，可以适当减轻或免除加害人的赔偿责任。但学说认为只有直接受害人有过失的情况下，才适用过失相抵，而未成年人的法定代理人对其自己的过失不必负责。

在本案中，女童的父亲虽未对女儿的监护尽到足够的注意义务，但即使尽了注意义务，也难以阻止危险后果的发生。换句话说，滑梯是儿童公园供儿童玩乐的公共游乐设施，马某可以设想该设施是安全的。而儿童公园因其滑梯未根据儿童的年龄、心理等特点进行设计和建造，存在不安全因素，是造成5岁女童死亡的根本原因，故应承担责任。

【法条指引】

中华人民共和国消费者权益保护法

第七条 消费者在购买、使用商品和接受服务时享有人身、财产安全不受损害的权利。

消费者有权要求经营者提供的商品和服务，符合保障人身、财产安全的要求。

第八条 消费者享有知悉其购买、使用的商品或者接受的服务的真实情况的权利。

消费者有权根据商品或者服务的不同情况，要求经营者提供商品的价格、产地、生产者、用途、性能、规格、等级、主要成份、生产日期、有效期限、检验合格证明、使用方法说明书、售后服务，或者服务的内容、规格、费用等有关情况。

第二十三条 经营者应当保证在正常使用商品或者接受服务的情况下其提供的商品或者服务应当具有的质量、性能、用途和有效期限；但消费者在购买该商品或者接受该服务前已经知道其存在瑕疵，且存在该瑕疵不违反法律强制性规定的除外。

经营者以广告、产品说明、实物样品或者其他方式表明商品或者服务的质量状况的，应当保证其提供的商品或者服务的实际质量与表明的质量状况相符。

经营者提供的机动车、计算机、电视机、电冰箱、空调器、洗衣机等耐用商品或者装饰装修等服务，消费者自接受商品或者服务之日起六个月内发现瑕疵，发生争议的，由经营者承担有关瑕疵的举证责任。

中华人民共和国民法典

第十九条　八周岁以上的未成年人为限制民事行为能力人，实施民事法律行为由其法定代理人代理或者经其法定代理人同意、追认；但是，可以独立实施纯获利益的民事法律行为或者与其年龄、智力相适应的民事法律行为。

第二十条　不满八周岁的未成年人为无民事行为能力人，由其法定代理人代理实施民事法律行为。

第二十一条　不能辨认自己行为的成年人为无民事行为能力人，由其法定代理人代理实施民事法律行为。

八周岁以上的未成年人不能辨认自己行为的，适用前款规定。

第二十三条　无民事行为能力人、限制民事行为能力人的监护人是其法定代理人。

第二十七条　父母是未成年子女的监护人。

未成年人的父母已经死亡或者没有监护能力的，由下列有监护能力的人按顺序担任监护人：

（一）祖父母、外祖父母；

（二）兄、姐；

（三）其他愿意担任监护人的个人或者组织，但是须经未成年人住所地的居民委员会、村民委员会或者民政部门同意。

第二十八条　无民事行为能力或者限制民事行为能力的成年人，由下列有监护能力的人按顺序担任监护人：

（一）配偶；

（二）父母、子女；

（三）其他近亲属；

（四）其他愿意担任监护人的个人或者组织，但是须经被监护人住所地的居民委员会、村民委员会或者民政部门同意。

第三十一条 对监护人的确定有争议的，由被监护人住所地的居民委员会、村民委员会或者民政部门指定监护人，有关当事人对指定不服的，可以向人民法院申请指定监护人；有关当事人也可以直接向人民法院申请指定监护人。

居民委员会、村民委员会、民政部门或者人民法院应当尊重被监护人的真实意愿，按照最有利于被监护人的原则在依法具有监护资格的人中指定监护人。

依据本条第一款规定指定监护人前，被监护人的人身权利、财产权利以及其他合法权益处于无人保护状态的，由被监护人住所地的居民委员会、村民委员会、法律规定的有关组织或者民政部门担任临时监护人。

监护人被指定后，不得擅自变更；擅自变更的，不免除被指定的监护人的责任。

7. 小孩从商场购物车上摔下，商场应否承担赔偿责任？

【维权要点】

可能危及人体健康和人身、财产安全的工业产品，必须符合保障人体健康和人身、财产安全的国家标准、行业标准；未制定国家标准、行业标准的，必须符合保障人体健康和人身、财产安全的要求。

【典型案例】

2021 年 6 月 26 日，蒙小姐带着 4 岁的男孩去深圳旅游，在某超市分店购物时，其认为购物车前部设置的婴儿座位太小，孩子在上面不舒服，便自作主张让小孩坐在购物车的下层。当时商场属于营业高峰期，顾客特别多，一名顾客后退时撞倒了蒙小姐的购物车，小孩从车上掉下且被碰伤，蒙小姐要求商场予以赔偿。双方不能形成一致意见，蒙小姐遂向深圳市消协投诉。

【法官讲法】

本案的焦点是购物车上产品标识不清楚而引起纠纷的责任承担问题，对此有以下两种不同意见。

一种意见认为，购物车上虽有使用方法的说明文字，但都是日文，根本看不懂；同时商场工作人员及保安看到小孩没有按要求坐在购物车的座位上并没有加以制止，因此商场有不可推卸的责任，所以应当承担损害赔偿责任。

另一种意见认为，使用方法用日文标注不符合《中华人民共和国产品质量法》，该责任应当由生产厂家承担，蒙小姐应当直接向生产厂家索赔。同时认为，虽然看不懂日文，但购物车上的座位形状能使有普通常识的人明白，且商场其他顾客的小孩绝大部分都坐在购物车前部的婴儿座位上，并且即使坐在下层，也不必然会导致小孩摔倒，小孩摔倒是因为购物车被撞倒，蒙小姐作为小孩的监护人没有尽到应有的注意义务，有过失，自己应承担一定的责任。

本案主要是因为产品标识不清楚所引起的纠纷，其责任主要应由生产厂家承担。同时，销售者和消费者也应分别承担部分责任。

生产者要对产品标识负责。产品标识是指由生产者提供的，在产品上或产品包装上为识别产品及产品特性等所作的表述。产品标识包括：产品质量检验合格证明，产品名称，生产厂厂名、厂址，产品规格、等级，产品所含主要成分的名称，含量，生产日期、安全使用期、失效日期，警示标志、中文警示说明等。产品标识可用文字、图案、符号、数字、标志等表示。生产者承担产品标识义务对于维护用户和消费者权益有重要意义。产品标识能够使广大用户和消费者选择产品，正确使用产品，维护产品。因此，产品标识一定要名副其实，准确无误、标准规范，符合产品质量法的要求，使消费者能准确选择和正确使用商品，因而正确、准确标注产品标识，是生产者的法定义务，对消费者而言则是一种知悉权。

消费者的知悉权，是指消费者在购买、使用商品或者接受服务时，知悉商品和服务真实情况的权利。产品质量法规定，产品或者其包装上的标识应当符合下列要求：（1）有产品质量检验合格证明；（2）有中文标明的产品名称、生产厂厂名和厂址；（3）根据产品的特点和使用要求，需要标识产品规格、等级、所含主要成分的名称和含量的，相应予以标明；（4）限期使用的产品，标明生产日期和安全使用期或者失效日期；（5）使用不当，容易造成产品本身损坏或者可能危及人身、财产安全的产品，有警示标志或者中文警示说明。

产品质量法对产品标识作了详尽要求，生产者应严格遵守法律要求。第一，要求产品有质量合格证明。这是生产者对产品质量所作的明示保证。只有合乎产品质量标准，才能使用产品质量合格证明，对于不合格产品而使用合格证明的生产者，要给予法律制裁。第二，要求产品有名称、生产厂厂名、厂址。产品的名称就是产品的名字，要求准确、明了、清楚。如果产品名称不当，就容易产生歧义，用户和消费者易产生误解。生产厂厂名是生产者的名称，必须真实，不能假冒或伪造生产厂名，否则属于违法行为。生产厂厂址要求具体、明确、准确，便于用户和消费者查询。第三，应根据产品特点和使用要求，标明产品标识。第四，对限期使用的产品要标明生产日期、失效日期等。由于某些产品，其质量有一定的时效性，在时效期限内，其质量有保障，一旦经过了时效期限，产品就会变质、失效，所以这类产品应该标明时效范围。第五，对容易引起损害的产品应有警示说明。有些产品若使用不当，会造成产品损坏，甚至危及消费者人体健康、人身和财产安全。因此，对于这类产品必须有警示标志或者中文警示说明，以告诫用户和消费者警惕不安全因素，小心、谨慎使用这类产品。并且，警示标志和中文警示说明要醒目、突出，使人一目了然，引起注意，否则起不到告诫作用。

具体到本案，购物车的生产厂家违反了产品质量法中对生产者要求的承担产品标识的义务。具体违反的义务为：对使用不当，容易造成产品本身损坏或者可能危及人身、财产安全的产品，应当具有警示标志或者中文警示说明。因而，该购物车的生产厂家是本案中最终的责任承担者。生产厂家违反标识的有关义务，应承担对消费者的责任，那么是否能排除消费者对经营者的索赔呢？答案是否定的。消费者权益保护法对此作了明确规定。根据该法第40条规定，消费者在购买、使用商品时，其合法权益受到损害的，可以向销售者要求赔偿。销售者赔偿后，属于生产者的责任或者属于向销售者提供商品的其他销售者的责任的，销售者有权向生产者或者其他销售者追偿。消费者或者其他受害人因商品缺陷造成人身、财产损害的，可以向销售者要求赔偿，也可以向生产者要求赔偿。属于生产者责任的，销售者赔偿后，有权向生产者追偿。属于销售者责任的，生产者赔偿后，有权向销售者追偿。消费者在接受服务时，其合法权益受到损害的，可以向服务者要求赔偿。

我们可以从此法条中得出如下结论：消费者有选择赔偿主体的权利，可以从生产者、销售者中任择其一，也可以同时要求赔偿，生产者、销售者内部是独立责任，对消费者而言则应负连带责任。所谓连带责任，是指责任主体间有连带关系，每个人都对同一债务负有全部清偿责任。本案中，生产者、销售者不得推诿，必须首先承担消费者的赔偿责任，然后互相追偿。因而，深圳某超市分店不能因自己无过错而拒绝赔偿消费者。

该案中商家是否如其所认定的无责任呢？答案也是否定的。根据消费者权益保护法第 18 条规定，经营者应当保证其提供的商品或者服务符合保障人身、财产安全的要求。对可能危及人身、财产安全的商品和服务，应当向消费者作出真实的说明和明确的警示，并说明和标明正确使用商品或者接受服务的方法以及防止危害发生的方法。宾馆、商场、餐馆、银行、机场、车站、港口、影剧院等经营场所的经营者，应当对消费者尽到安全保障义务。

在本案中，超市没有尽到应尽的义务，也没有阻止消费者不正确地使用其购物用具，因而也要承担赔偿责任。

当然，该案中消费者蒙小姐自己也有过错，需要承担一部分责任。其主要责任是对被监护人没有尽必要的注意义务。我国民法典第 34 条第 1 款规定："监护人的职责是代理被监护人实施民事法律行为，保护被监护人的人身权利、财产权利以及其他合法权益等。"蒙小姐在超市购物时，有义务使孩子不受侵犯，应当考虑到顾客拥挤致购物车翻倒而危及小孩。实际上，即使该购物车有中文标识、小孩按要求坐在应坐的位置，若蒙小姐没有尽到注意义务而导致购物车翻倒碰伤小孩，商家有减少其赔偿的权利，否则不利于促使监护人尽应有的谨慎注意义务。

总之，该案应属于事实清楚、法律关系简单，其处理方法也应明了：某超市分店要向小孩的监护人蒙小姐承担赔偿责任，但因监护人自己有过错，该超市的责任可以减轻。

【法条指引】

中华人民共和国产品质量法

第十三条 可能危及人体健康和人身、财产安全的工业产品，必须符合保障人体健康和人身、财产安全的国家标准、行业标准；未制定国家标准、行业标准的，必须符合保障人体健康和人身、财产安全的要求。

禁止生产、销售不符合保障人体健康和人身、财产安全的标准和要求的工业产品。具体管理办法由国务院规定。

第二十六条 生产者应当对其生产的产品质量负责。

产品质量应当符合下列要求：

（一）不存在危及人身、财产安全的不合理的危险，有保障人体健康和人身、财产安全的国家标准、行业标准的，应当符合该标准；

（二）具备产品应当具备的使用性能，但是，对产品存在使用性能的瑕疵作出说明的除外；

（三）符合在产品或者其包装上注明采用的产品标准，符合以产品说明、实物样品等方式表明的质量状况。

第二十七条 产品或者其包装上的标识必须真实，并符合下列要求：

（一）有产品质量检验合格证明；

（二）有中文标明的产品名称、生产厂厂名和厂址；

（三）根据产品的特点和使用要求，需要标明产品规格、等级、所含主要成份的名称和含量的，用中文相应予以标明；需要事先让消费者知晓的，应当在外包装上标明，或者预先向消费者提供有关资料；

（四）限期使用的产品，应当在显著位置清晰地标明生产日期和安全使用期或者失效日期；

（五）使用不当，容易造成产品本身损坏或者可能危及人身、财产安全的产品，应当有警示标志或者中文警示说明。

裸装的食品和其他根据产品的特点难以附加标识的裸装产品，可以不附加产品标识。

第四十二条 由于销售者的过错使产品存在缺陷，造成人身、他人财产损害的，销售者应当承担赔偿责任。

销售者不能指明缺陷产品的生产者也不能指明缺陷产品的供货者的，销售者应当承担赔偿责任。

第四十三条　因产品存在缺陷造成人身、他人财产损害的，受害人可以向产品的生产者要求赔偿，也可以向产品的销售者要求赔偿。属于产品的生产者的责任，产品的销售者赔偿的，产品的销售者有权向产品的生产者追偿。属于产品的销售者的责任，产品的生产者赔偿的，产品的生产者有权向产品的销售者追偿。

中华人民共和国消费者权益保护法

第四十条　消费者在购买、使用商品时，其合法权益受到损害的，可以向销售者要求赔偿。销售者赔偿后，属于生产者的责任或者属于向销售者提供商品的其他销售者的责任的，销售者有权向生产者或者其他销售者追偿。

消费者或者其他受害人因商品缺陷造成人身、财产损害的，可以向销售者要求赔偿，也可以向生产者要求赔偿。属于生产者责任的，销售者赔偿后，有权向生产者追偿。属于销售者责任的，生产者赔偿后，有权向销售者追偿。

消费者在接受服务时，其合法权益受到损害的，可以向服务者要求赔偿。

中华人民共和国民法典

第三十四条　监护人的职责是代理被监护人实施民事法律行为，保护被监护人的人身权利、财产权利以及其他合法权益等。

监护人依法履行监护职责产生的权利，受法律保护。

监护人不履行监护职责或者侵害被监护人合法权益的，应当承担法律责任。

因发生突发事件等紧急情况，监护人暂时无法履行监护职责，被监护人的生活处于无人照料状态的，被监护人住所地的居民委员会、村民委员会或者民政部门应当为被监护人安排必要的临时生活照料措施。

8. 经营者承诺保管的财物受损，经营者应否负赔偿责任？

【维权要点】

当事人应当按照约定全面履行自己的义务。当事人一方不履行合同义务或者履行合同义务不符合约定的，应当承担继续履行、采取补救措施或者赔偿损失等违约责任。

【典型案例】

李某于2021年4月28日花998元钱购买了一辆捷安特牌“火焰”类男式山地车，供其外孙吕某平时外出旅游。5月7日，吕某参加学校组织的旅游活动，骑车到某公园，并将车放在公园门口外的马路边，而且向看车人交了10元存车费。游玩结束后，吕某及其同学、老师都各自去取车，吕某没有找到自己的自行车。

李某作为自行车的所有者，多次与看车人及存车管理处协商要求赔偿，存车管理处辩称存车地点不属于其单位的存车范围，所以拒绝赔偿。于是李某起诉到人民法院，要求存车管理处赔偿其购车费998元。

【法官讲法】

本案的焦点是在存车管理处丢失自行车，而存车地点又不属于存车管理处的存车范围，存车管理处是否应当承担赔偿责任。对此有以下两种不同意见。

一种意见认为，既然存车地点不属于单位的存车范围，所收存车费系其单位所雇人员工作失误，而且只收了10元存车费，存车管理处就不应当承担赔偿责任。

另一种意见认为，存车管理处提供的存车服务，在没有特殊的约定情况下，按人们的正常理解和商业习惯，其在向顾客收取存车费后，应妥善保管所存车辆，防止丢失，负责所存车辆的安全。再少的存车费也不能成为存车管理处未履行保管义务的抗辩理由。对于存车管理处所称的车是在存车范围外丢失的，由于存车管理处划定的存车范围没有明显的标志，且其所雇人员已收取了存车费，表明认可了存车行为。所以应当赔偿李某的损失。

本案中，从事实抽象到法律，其实质是双方当事人就保管合同是否有效成立而发生争执。

保管合同作为有名合同的一种，是指保管人保管寄存人交付的保管物并返还该物的合同。与其他合同一样，也有订约过程及成立生效的时间，即不外乎要约邀请、要约、承诺等。所谓要约，是指一方当事人以缔结合同为目的，向对方当事人提出合同条件，希望对方当事人接受的意思表示。所谓承诺，是指受约人作出的同意要约以成立合同的意思表示。本案中，存车管理处抗辩的理由是该保管合同没有成立，即其并未作出承诺。

在该案中，存车管理处在某一地设立存车点，并雇人收取存车费、看管车辆是要约请求，存车人存车的行为及交费是要约，对这些双方应没有争议，争议的焦点是是否有承诺存在：存车管理处所雇人员有没有将承诺以一定的方式表现出来。

一般认为，作出承诺的方式有两种，一是通知的方式，二是通知以外的承诺方式。我国民法典第480条前段规定，“承诺应当以通知的方式作出”。报据本条的规定，承诺原则上应当以通知的方式作出，通知包括书面通知或者口头通知。其中书面通知应当根据科技发展作出全面理解，即书面方式包括除合同书和信件以外的电报、电传、传真、电子数据交换和电子邮件等数据电文，要约对通知的方式有要求的，如必须采取书面通知方式，就必须采取书面方式通知。通知的方式是明示的方式，是以书面或者口头的方式明确作出承诺的意思表示。

民法典第480条后段规定，“但是，根据交易习惯或者要约表明可以通过行为作出承诺的除外”，这是属于例外情况。即在此种情况下，行为也可以作为承诺的意思表示方式。行为包括作为和不作为，作为是积极实施行为，不作为就是缄默或者沉默。作为实际上是一种意思表示的方式，按照交易习惯一般认为其可以构成承诺的方式。

缄默或者沉默通常不能作为承诺的表示方式，因为，要约本身不能对受要约人设定必须承诺的义务，即使要约人在要约中声明不予答复即视为承诺，这种要求也是无效的。但是，如果交易习惯和要约表明可以通过缄默或者沉默进行承诺的，缄默者不作为也可以作为承诺的方式，其具体有如下情形。

其一，受要约人先向要约人发出要约邀请，在要约邀请中明确表示在对方发出要约后的规定期限内不作答复即视为承诺的，缄默构成承诺。在此种情况下，受缄默的拘束来自受要约人自身的意思，不是要约人加给的。

其二，双方当事人经过反复磋商后，已达成了初步协议，一方更改了初步协议中的某些条款，并要求对方就这些条款的修改作出答复；逾期不答复就视为承诺和接受。在这种情况下，考虑双方已经过协商，达成初步协议，一方已经对另一方产生了一种合理的信赖，即信任对方在没有表示对修改条款有异议的情况下，就同意合同条款。此时可以根据案件情况，将另一方的缄默视为承诺。

其三，根据当事人先前的交易习惯或者当地的交易惯例，一方向另一方发出要约后，另一方不在规定的时间内作出明示或者默示的表示，可以认定为承诺。

其四，根据法律规定负有承诺义务的人，如果没有拒绝要约，就视为承诺。为保护消费者权益，许多国家的法律规定，某些特定的行业（如公用事业服务）、特定的契约（公用事业劳务合同）受要约人不拒绝要约视为承诺。

因此，除了明示外，作为或不作为等行为均可以在特定情形下成为承诺的表示方式。在本案中，存车管理处的雇用人员在吕某存车时，接受其将车存放在管理地点，并同时收取了存车费，没有表示不接受存车，根据当前的交易习惯，收取存车人的存车费就表明存车管理处作出了承诺，双方有偿保管合同即告成立，且存车人已经履行了合同的义务——支付存车费用，因而存车管理处作为服务主体应尽妥善保管义务，如造成存车人所存车辆丢失等财产损失的，应承担赔偿责任。

【法条指引】

中华人民共和国民法典

第四百六十九条 当事人订立合同，可以采用书面形式、口头形式或者其他形式。

书面形式是合同书、信件、电报、电传、传真等可以有形地表现所载内容的形式。

以电子数据交换、电子邮件等方式能够有形地表现所载内容，并可以随时调取查用的数据电文，视为书面形式。

第四百七十一条 当事人订立合同，可以采取要约、承诺方式或者其他方式。

第四百八十条　承诺应当以通知的方式作出；但是，根据交易习惯或者要约表明可以通过行为作出承诺的除外。

第五百零九条　当事人应当按照约定全面履行自己的义务。

当事人应当遵循诚信原则，根据合同的性质、目的和交易习惯履行通知、协助、保密等义务。

当事人在履行合同过程中，应当避免浪费资源、污染环境和破坏生态。

第五百七十七条　当事人一方不履行合同义务或者履行合同义务不符合约定的，应当承担继续履行、采取补救措施或者赔偿损失等违约责任。

中华人民共和国消费者权益保护法

第五十条　经营者侵害消费者的人格尊严、侵犯消费者人身自由或者侵害消费者个人信息依法得到保护的权利的，应当停止侵害、恢复名誉、消除影响、赔礼道歉，并赔偿损失。

第五十三条　经营者以预收款方式提供商品或者服务的，应当按照约定提供。未按照约定提供的，应当按照消费者的要求履行约定或者退回预付款；并应当承担预付款的利息、消费者必须支付的合理费用。

9. 第三人丢失保管人无偿保管的他人财物，应当由谁承担赔偿责任？

【维权要点】

保管期间，因保管人保管不善造成保管物毁损、灭失的，保管人应当承担损害赔偿责任；但保管是无偿的，保管人证明自己没有重大过失的，不承担损害赔偿责任。

【典型案例】

秦某与赵某系邻居，平日关系尚好。2021 年 4 月 12 日，秦某新购一辆高档山地车，价值 850 元人民币。秦某购得新车后于同月 15 日到所在地的派出所办理自行车牌照登记手续，交纳管理费及有关证件的工本费共计 50 元。同年 4 月 25 日，秦某所在单位组团到外地旅游一段时间。秦某临走前将该辆山地车托付给赵某代为保管，答应出差回来后立即来领取，赵某一口应承下来。5 月 1 日，赵某所在单位组织春游，赵某将秦某的山地车转托给另一邻居李某保管后外出春游。第二日傍晚，当赵某春游归来之后，被告知李某于前一夜家中遭火灾，屋内所有贵重物品均遭毁损，秦某的那辆山地车也未能幸免，但由于李某事先已向中国人民保险公司投保过财产险，因此，除山地车外，其余被毁的贵重物品基本上都得到保险金赔偿。同年5月15日，秦某从外地回来后依诺言到赵某家中领取山地车。当赵某告知山地车已遭毁损并表示遗憾时，秦某当即表示要赵某照价赔偿，遭拒绝。秦某遂于6月10日向人民法院起诉，以赵某未经同意擅自将山地车转托他人招致山地车毁损为由，要求法院判令赵某赔偿自行车的价款850元及管理费、工本费50元，共计900元。

赵某辩称："我出于好心帮秦某保管物品，分文不取，转托李某暂为保管也是因临时外出不能亲自保管而为之，亦是为秦某之利益着想。至于李某家中遭火灾，秦某的自行车被毁损，并非自己的过错所造成，此事与我无关，我不承担任何责任。"因此，赵某请求法院驳回秦某的诉讼请求。

【法官讲法】

本案的焦点是秦某的山地车被毁损后的赔偿责任问题。

保管合同是指根据双方当事人的约定，一方为他方保管物品的合同。在罗马法和近现代西方民法中通常将"保管"称为"寄托"。前者之寄托仅指无偿合同，后者之寄托以无偿为原则，有偿为补充。在我国，法学界倾向于保管合同以有偿为原则。民法典合同编第二分编典型合同第二十一章对保管合同进行了规范。依据民法典的规定，保管合同分为有偿和无偿两类，由双方当事人作为任意性条款协商决定。当事人对此无约定或约定不明确的，民法典第889条规定，在这种情形下保管合同是无偿合同，也即在无法确定保管合同的保管费的有无或数额时，法律推定为无偿。

保管合同有如下几个特点：(1) 实践合同或要物合同。就保管合同而言，仅有当事人意思表示一致还不够，还必须有保管物的交付合同才得以成立。对此各国民法的相关规定基本相似。(2) 无偿合同与有偿合同的可择性。民法典赋予了保管合同当事人自由选择合同无偿性和有偿性的权利，仅在合同当事人放弃此权利或意思无法明确时才由法律推定其为无偿合同。(3) 非要式合同。保管合同只要有保管物的实际交付即告成立，不要求当事人必须采取某种特定的合同形式，当事人可依意思自治采取各种合同形式。在现实生活中，保管合同，尤其是有偿性保管合同，多以格式合同形式出现。(4) 保管合同的目的是保管物品，而不是保管人取得保管物的使用权或所有权。因此，保管合同的保管物应具有可保管性，或者说易于保管性。实践中，通常由保管人依自己的保管能力确定保管物的范围。

保管合同一经成立，保管人和寄存人均受保管合同的约束，保管人和寄存人各自享有合同权利和承担合同义务。

就寄存人而言，寄存人首先有付报酬的义务，当然这是在有偿保管合同中才有的义务。其次，不论保管合同为有偿还是无偿，寄存人均有义务支付维持保管物所需负担的必要费用，如包装、防腐等。再次，寄存人对因不可抗力引起的保管物的毁损自负责任。最后，寄存人由于寄存物的瑕疵或特有的性质给受托人造成损失的，还须承担赔偿责任，而且是严格责任或无过错责任。

就保管人义务而言，第一，保管寄存物是最主要的义务。保管人对寄存物应尽相当的注意义务，其注意程度依保管合同的有偿性、无偿性之不同而不同。在有偿保管合同中，保管人应以善良管理人的注意程度进行保管，负抽象过失之责，即保管人应对一切因自己的过错，包括故意和过失，而使保管物毁损、灭失的，都要承担赔偿责任。而在无偿保管合同中，保管人只需对寄存物尽与保管自己所有物同样的注意义务即可，所负的是具体的过失之责，即只在故意或重大过失导致寄存物毁损的情形下才承担赔偿责任。值得一提的是，商业营业场所对顾客寄存物的保管合同，此类合同虽然表面上看是无偿合同，但由于营业机构本身的盈利性决定了替顾客保管寄存物之目的性，营业机构的利润实质上已包括了应由顾客支付的保管费用，因此从本质上来说，该类保管并非无偿。营业场所应负善良管理人义务，不能以保管无偿为由主张免责。

第二，保管人在保管合同期满或终止时负有返还寄存物的义务。如果合同没有约定期限，寄存人可随时领取寄存物，保管人亦可随时返还寄存物。如果合同约定了期限，寄存人虽随时可领取寄存物，但应对由此给保管人带来的损失负赔偿责任，而保管人则非因不得已的事由不得提前返还寄存物。需要注意的是，保管期间寄存物产生的孳息归原主，即寄存人所有。

第三，保管人还对寄存人负有告知（通知）义务。这种告知义务包括两种情形：（1）保管物发生危险时的通知义务，如保管物受到毁损等；（2）第三人对保管物主张权利时的告知义务。

第四，保管人对保管物的毁损依自身过错承担赔偿责任。就有偿保管合同而言，保管应负轻过失之责，就无偿合同而言，保管人只对重大过失负责，承担赔偿责任。如果损害不是由保管人的过错而是由第三人过错所引起，应由有过错的第三人承担责任。如果损害是因为不可抗力，如地震、雷电、洪水、海啸等引起的，依据民法中“所有人对所有物承担意外毁损灭失的风险”的原则，其损害由寄存人自负。

第五，保管人不得将保管物擅自转让给第三人保管。这是由保管合同的专属性所决定的。寄存人基于对保管人的信赖将保管物托付给保管人保管，这是保管合同的基础。如果保管人未经寄存人的同意而擅自将保管物转让给第三人代其进行保管，不仅违反了原合同的约定，而且也使保管合同改变了实际履行人，是违约行为，应承担违约责任。因此各国民法都规定，保管人有不得擅自将保管物转让给第三人保管的义务，以保护寄存人因第三人而遭受不利。民法典第894条规定：“保管人不得将保管物转交第三人保管，但是当事人另有约定的除外。保管人违反前款规定，将保管物转交第三人保管，造成保管物损失的，应当承担赔偿责任。”

依据此条规定，转保管在取得寄存人的同意后成为适法行为。当事人还可以在原保管合同中约定保管人有权选任合适的第三人代为保管。此外，法律还规定了另一种情况的合法转寄存，即在发生紧急情况，保管人继续履行保管义务，同时又不能及时通知寄存人的，保管人可以选任适合的第三人代为保管。如保管人突患疾病，无法继续履行保管义务，而寄存人又在外地保管人无法及时通知寄存人的，保管人可以为了寄托人的利益考虑选择一胜任的第三人代为履行保管义务。还有一种情况是依交易惯例可以转让保管的合同。如银行保管贵重物品，如金银、珠宝、首饰等，如该行保管能力欠缺时，可转交由上级银行代为保管。

依据适法行为行事后，原合同关系的当事人并没有发生变化，保管人和寄存人仍然是保管合同的当事人，寄存人与第三人并没有发生合同关系。但是在这种情况下发生了保管物损害的，原保管人可将此发生的损害赔偿请求权让与寄存人。保管人仅负选任和指示上的过失责任，也就是说，如果保管人在第三人的人选和指示上并无过失的，也即保管人选任的第三人具有实际保管能力且保管人亦将保管事宜尽了说明义务的，那么他将不承担因保管物毁损灭失而引起的责任。责任将由对保管物的毁损有过错的一方承担。

而在非依适法行为行事的情况下，保管物受损的，保管人承担一切赔偿责任，而不管其主观上有没有过错。若保管物的毁损由第三人的过错引起的，虽保管人并无过失，仍要承担损害赔偿责任。这是由于保管人的违约行为在先，理应承担因此而造成的一切损失，然而保管人仍可依据不可抗力免责。

本案中，秦某和赵某是无偿保管合同的当事人，而李某是第三人。秦某和赵某在原合同中并未约定保管人的转保管权利，因此赵某非因特殊情况不得擅自转让合同义务，否则将对保管物的一切损失负赔偿责任。事实上，由于赵某的外出旅游是赵某所在单位在秦某出差后决定的，因此赵某不可能在秦某交付保管物时告知这一情况。赵某的外出是突然的，而又无法及时地通知寄存人，而依常理赵某也不可能因为替秦某保管一辆自行车而闭门不出，只要他将自行车转交另一有保管能力的第三人，即可避免因无法继续履行保管义务而给保管人带来的不利后果。因此，赵某的转保管行为是适法的，且在人选和保管事宜上已尽了转保管人的注意义务，可以认定，赵某无须承担保管物的毁损赔偿责任。秦某可以向有过错的责任人请求赔偿。本案中，秦某的请求对象应是火灾事故的肇事者而不是赵某，纵然事故的责任人是赵某所选任的第三人李某，赵某亦不承担任何责任，秦某可向李某索赔。

【法条指引】

中华人民共和国民法典

第八百九十四条 保管人不得将保管物转交第三人保管，但是当事人另有约定的除外。

保管人违反前款规定，将保管物转交第三人保管，造成保管物损失的，应当承担赔偿责任。

第八百九十七条 保管期内，因保管人保管不善造成保管物毁损、灭失的，保管人应当承担赔偿责任。但是，无偿保管人证明自己没有故意或者重大过失的，不承担赔偿责任。

10. 游客在宾馆丢车，宾馆应否承担赔偿责任？

【维权要点】

保管期间，因保管人保管不善造成保管物毁损、灭失的，保管人应当承担损害赔偿责任；但保管是无偿的，保管人证明自己没有重大过失的，不承担损害赔偿责任。

【典型案例】

王某于2021年6月1日至3日到上海旅游，晚上在上海市某宾馆住宿，并在住宿的当天将一辆春兰牌摩托车托付宾馆的值班保安员张某保管，张某答应为王某保管摩托车，并将摩托车停放在该宾馆的停车场。

6月2日早晨，王某去停车场取车时发现摩托车不见了，王某遂要求该宾馆进行赔偿，而宾馆认为其没有保管摩托车的义务，只是出于为旅客提供方便，才为王某无偿保管，现摩托车丢失，责任不在宾馆，况且宾馆并未就保管摩托车收取任何费用，不应由宾馆承担责任。王某于是向法院提起诉讼，要求宾馆赔偿摩托车丢失的损失。

【法官讲法】

本案的焦点是宾馆与王某之间所形成的合同关系究竟是使用合同关系还是保管合同关系，对此有以下两种不同意见。

第一种意见认为，宾馆没有保管摩托车的义务，双方形成的是场地使用合同关系，且无偿合同的义务人仅对因自身故意而引起的损害负赔偿责任。因此，宾馆对摩托车的丢失不负任何责任。

第二种意见认为，宾馆和王某之间形成了保管合同关系。宾馆属商业经营场所，对旅客寄存的物品，即使是无偿的，也应尽善良管理人的注意义务，物品有灭失或毁损的，只要宾馆存在故意或重大过失就要承担赔偿责任。被告因重大过失致使王某摩托车被盗，应该承担赔偿责任。

我们赞成第二种观点。因停放在宾馆、高档饭店或浴室等场所的车辆被盗而引发的场所主人与顾客的纠纷近年来时有发生，解决这类纠纷的首要问题是明确场所主人提供场所这一行为的法律性质。

场所主人为方便顾客向顾客提供停车场所，顾客将车辆停放在场主所供泊位便建立了一种权利义务关系，那么此种关系是车辆保管关系还是场地使用关系呢？正确确定其性质，在审判实践中具有积极的意义。倘若这一关系被确认为保管关系，那么车辆停放在停车场遭窃，提供场所的主人须承担赔偿责任；倘若被确认为场地使用关系，提供场所的主人对停放在停车场内的车辆无保管之义务，车辆被窃后场所主人无赔偿责任。现行法律对上述关系的定性无明文规定，但一般认为，宾馆、旅社、饮食店等场所因往来顾客、旅客众多，人员复杂，出入频繁，旅客、顾客携带的物品不易保管，不安全因素较大，而从事宾馆、旅社业、餐饮业的场主通过经营活动可获较大利润，一般法律均要求场主对旅客和顾客的人身、财产安全负责，对旅客、顾客随身携带物品的毁损、灭失负赔偿之责。早在罗马法就有关于场主看管顾客携带物品责任的规定。罗马帝国时期地中海沿岸一带商事发达，罗马则是经济最发达的城邦，各地商人云集于罗马进行各种经济、贸易等商事活动。在当时强盗的危害甚大，而且旅店主人往往与强盗同谋，谋害客人，故而罗马法使旅店主人负较重责任，对于客人所携带物品负看管责任，若有损坏、灭失，除能证明系因不可抗力或旅客自己的过失所致外，应负赔偿责任。近现代民法，如法国民法、德国民法、瑞士债权法、意大利民法等都明确规定场主对顾客所带物品有看管义务。德国民法典第 701 条规定："以供外人住宿为营业的旅店主应赔偿外人在该业务的经营中携入的物品因丢失、毁损或者毁坏而造成的损害。"法国民法典第 1952 条规定："旅馆或旅店主人，对于寄居旅客所携带的衣服、行李及各种物品，负受寄人的责任。"同理，场主对顾客所携带物品的看管责任也应延及车辆。既然场主备有专门停放车辆的场所，也应有专人负责车辆的保管，实际上已构成保管关系而非场地使用关系。

保管合同，又称寄托合同、寄存合同，它是指双方当事人约定一方当事人保管另一方当事人交付的物品，并返还该物的合同，其中保管物品的一方为保管人或称受寄托人，其所保管的物品为保管物，交付物品保管的一方为寄托人或寄存人。

保管合同制度发端于罗马法，罗马法上称其为寄托，包括一般寄托和特殊寄托。一般寄托须为无偿的，保管物仅限于动产，受寄人只能持有标的物，而不能取得标的物的占有，更不能取得保管物的所有，学者称之为空虚交付。特殊寄托包括必要寄托、变例寄托和争诉寄托三种。必要寄托是指在紧迫危险中所成立的寄托；变例寄托是指以替代物为寄托的标的，受托人得消费该物，并以同种类、同品质、同数量的物返还；争诉寄托是指诉讼未决前，对多数人互相争执的物，寄托人应保管至诉讼终了时，将该物交付给因判决或和解而取得该物所有权的人。法国民法上的保管合同制度基本上沿袭了罗马法的规定。德国民法典中未对寄托合同类型进行划分，但规定了一般寄托和消费寄托。商法中对商事合同另有规定。日本民法中的一般寄托的标的物包括动产和不动产，这是日本法的一个特点。原苏俄民法典中称“寄托”为“保管”，我国亦用此称呼。保管是市场经济条件下常见的现象，民法典合同编对保管合同加以明确规定，使保管合同成为独立的有名合同。它具有下列特征：

其一，保管合同为实践合同。保管合同的成立，不仅须有当事人双方的意思表示一致，而且须有寄托人将保管物交付给保管人的行为。保管合同的实践性源于罗马法，近现代的法国、德国、日本等国的民法继受了该规定，但是瑞士民法作了相反的规定，认为保管合同是诺成性合同。根据我国民法典第 890 条规定，保管合同原则上是实践合同，即除非当事人另有约定，否则保管合同以保管物交付为其成立条件。在社会生活中，以保管物交付才使保管合同成立的情况占绝大多数。如常见的寄存处，都是以保管物的交付作为保管合同成立条件的。如在保管物交付前，寄存人改变主意不交付，或保管人改变主意不接受保管物，除非当事人事前订有特别约定，否则当事人不能强制对方履行或请求法院追究其责任。

其二，保管合同原则上为无偿合同、不要式合同。在罗马法中，保管合同为无偿合同。在近现代西方国家的民事立法上一般也规定保管合同以无偿为原则，以有偿为补充。如法国民法典第 1917 条规定：“通常寄托本质上为无偿契约。”根据我国民法典第 889 条的规定，保管合同既可以是有偿的，也可以是无偿的，是否有偿，依当事人约定，当事人没有约定或约定不明，也无法达成协议的，依合同意旨或惯例也无法确定的，保管合同是无偿的。

保管合同只要有保管物的实际交付就告成立，不要求当事人必须采取某种特定的形式。当事人有权选择合同形式，如口头形式、书面形式、公证形式等。在现实生活中，大量的保管合同也以格式合同的形式出现。

其三，保管合同的目的是保管物品。保管合同的直接目的是由保管人保管物品，而不是使保管人获得保管物的使用权或所有权。因此，保管合同的标的是保管人的保管行为。保管人应将保管物置于自己的保管范围之内，维持其原状。对于保管物，保管人不能改变或加以利用，也不能许可第三人改变或加以利用，当事人事先约定可以利用的不受此限。

保管合同中，保管人的义务主要包括以下内容：

一是保管人对保管标的物应尽妥善保管义务。妥善保管是指保管人进行保管时，应在其条件许可范围内尽注意义务。具体而言，其注意程度依合同的有偿或无偿而有所差别。对于无偿保管合同，保管人应尽保管自己所有物同样的注意义务；而对于有偿保管合同，保管人应尽善良管理人的注意义务，因为在这类商事营业场所里，营业所得利润已包含了替客人保存物品，应由客人支付的费用，因此，保管并非是无偿的。但顾客对货币、有价证券即其他贵重物品在寄存时应予以声明而未声明的，保管人对该物品的毁损、灭失，可按一般物品予以赔偿（民法典第 898 条）。但保管人有故意或重大过失的除外。且除另有约定外，保管人不得使用或者许可第三人使用保管物（民法典第 895 条）。如果保管人未经寄存人同意、也非保管物的性质所必要而擅自使用保管物或者允许第三人使用保管物的，无论保管人主观上有无过错，均应向寄存人支付相应的报酬，以资补偿。报酬的数额可以比照租金标准计算，保管物为金钱的，保管人应自使用之日起支付利息。此外，除另有约定或保管人因患病等特殊事由不能亲自履行保管行为外，保管人必须亲自为保管行为，不得将该义务转委托他人。保管人违反此项规定，将保管物转交第三人保管，对保管物造成损失的，应当承担损害赔偿责任。但保管人可以请辅助人保管，辅助人的行为等同于保管人行为，辅助人的故意或过失引起保管物的毁损、灭失，应由保管人负责。最后，保管的场所和方法是保管行为的一个重要内容，如当事人没有约定，则保管人应以相当的注意程度，根据保管物的性质、合同旨意和诚实信用原则，选择适当的场所和方法。

二是保管人负有返还保管物的义务。在保管合同期限届满或终止时，保管人应及时返还保管物。合同没有规定返还期限的，保管人可以随时返还，寄存人也可以随时要求返还。如果保管合同规定有返还期限的，则保管人非因不得已的事由不得要求提前返还。但寄存人可以在期限届满前随时要求返还；若因此而给保管人造成损失，寄存人应当给予补偿。需要注意的是，保管人返还的物品应为原物，原物生有孳息的，保管人还应返还保管期间的原物孳息。若保管物为不动产，保管人应在不动产所在地返还；若保管物为动产，返还地点应在保管地，保管人并没有送交的义务，但当事人另有约定的除外。

三是危险通知义务。在出现寄存人寄存的保管物因第三人或自然原因可能会失去的危险情形时，应立即通知寄存人。在第三人对保管物主张权利、提起诉讼或实行扣押时，保管人应立即将该情势通知寄存人。在保管物受到意外损毁灭失或者保管物的危险程度增长时，保管人也应将有关情况通知寄存人。

从本案的事实看，王某托付宾馆值班的保安员看管摩托车，并已将摩托车停放在宾馆的停车场，保管合同有效成立。宾馆属商业经营场所，对旅客寄存的物品，即使是无偿的，也应尽善良管理人的注意义务，否则就应对保管物的损毁、灭失承担赔偿责任。民法典第 897 条规定："保管期内，因保管人保管不善造成保管物毁损、灭失的，保管人应当承担赔偿责任。但是，无偿保管人证明自己没有故意或者重大过失的，不承担赔偿责任。"由于宾馆未尽职，致使摩托车丢失，宾馆存在重大过失，虽然宾馆是无偿保管摩托车，但依法应由宾馆承担赔偿责任。

【法条指引】

中华人民共和国民法典

第八百八十八条　保管合同是保管人保管寄存人交付的保管物，并返还该物的合同。

寄存人到保管人处从事购物、就餐、住宿等活动，将物品存放在指定场所的，视为保管，但是当事人另有约定或者另有交易习惯的除外。

第八百八十九条　寄存人应当按照约定向保管人支付保管费。

当事人对保管费没有约定或者约定不明确，依据本法第五百一十条的规定仍不能确定的，视为无偿保管。

第八百九十条 保管合同自保管物交付时成立，但是当事人另有约定的除外。

第八百九十一条 寄存人向保管人交付保管物的，保管人应当出具保管凭证，但是另有交易习惯的除外。

第八百九十四条 保管人不得将保管物转交第三人保管，但是当事人另有约定的除外。

保管人违反前款规定，将保管物转交第三人保管，造成保管物损失的，应当承担赔偿责任。

第八百九十七条 保管期内，因保管人保管不善造成保管物毁损、灭失的，保管人应当承担赔偿责任。但是，无偿保管人证明自己没有故意或者重大过失的，不承担赔偿责任。

第八百九十九条 寄存人可以随时领取保管物。

当事人对保管期限没有约定或者约定不明确的，保管人可以随时请求寄存人领取保管物；约定保管期限的，保管人无特别事由，不得请求寄存人提前领取保管物。

11. 游客随身携带的物品遗失，旅行社应否赔偿？

【维权要点】

旅游意外保险，是指旅行社在组织团队旅游时，为了保护旅游者利益，向保险公司支付保险费，一旦旅游者在旅游期间发生意外，按合同约定由承保保险公司向旅游者支付保险金的行为。旅游意外保险的赔偿范围包括旅游者所携带的行李物品丢失、损坏或被盗造成的损失。

【典型案例】

2021 年李某一家三口参加某旅行社的泰港澳 10 日游，在我国香港特区旅游时，李某称其随身携带的装有护照、往返机票、现金等财物（价值 3 万余元）的背包遗失，致使其一家三口身无分文滞留在我国香港特区达 6 天之久。于是李某一家三口要求旅行社赔偿，由于旅行社拒绝赔偿而发生争执。

【法官讲法】

本案的焦点是李某随团旅游期间丢失自身携带物品，其要求旅行社赔偿是否合法，旅行社是否有权拒绝，对此有以下两种不同意见。

一种意见认为，根据《旅行社条例》规定，旅行社应当为旅游者提供符合保障旅游者人身、财产安全需要的服务，对有危及旅游者人身、财产安全的项目，应当向旅游者作出说明和明确的警示，并采取防止危害发生的措施，但旅行社未能认真履行义务，致使其随身携带的物品遗失，所以李某一家三口要求旅行社退还旅游团费，赔偿丢失物品损失，是合情合理的。

另一种意见认为，旅行社在组织泰港澳旅游团的过程中遵守了国家有关规定，为旅游者办理了旅游意外保险，对有关旅游者人身财产安全事项，多次作了明确警示和说明。因此，不应对旅游者随身携带物品的丢失承担责任。按照惯例和常识，如有遗失，责任自负。此外，在李某声称遗失随身物品后，旅行社及时积极协助其报案、登报声明、补办临时护照，提供通讯方便，安排食宿并垫款购买由香港直航青岛的机票，共垫付各项费用达 11960 元港币，给予出事旅客积极的帮助，旅行社已从道义上尽了责任，所以旅行社不应当赔偿李某的物品损失。

旅行社是否要对旅游者随身携带的物品遗失承担赔偿责任，首先应当明确旅行社对游客的随身物品是否有保管责任。民法典第 888 条第 1 款规定，保管合同是保管人保管寄存人交付的保管物，并返还该物的合同。据此，只有旅游者将物品交付旅行社保管，因旅行社的不慎，将游客物品丢失，才应当承担赔偿责任。而在本案例中，李某的物品并没有交给旅行社保管，而是由其本人随身携带。也就是说，在李某与旅行社之间并不存在保管法律关系，即丢失的物品是在李某本人的保管之下。既然是在自己的保管之下，发生丢失后要旅行社承担赔偿责任，于法无据，于理不通。

如果旅游者随身携带物品丢失，应当由保险公司赔偿。旅行社在组织旅游者旅游时，已经按照国家法律法规要求为旅游者办理了旅游意外保险。所谓旅游意外保险，是指旅行社在组织团队旅游时，为了保护旅游者利益，向保险公司支付保险费，一旦旅游者在旅游期间发生意外，按合同约定由承保保险公司向旅游者支付保险金的行为。旅游意外保险的赔偿范围包括旅游者所携带的行李物品丢失、损坏或被盗造成的损失。由此可见，如果李某随身携带物品确实丢失，则应当由保险公司赔偿，而旅行社则应当及时取得有关方面的证明，与其承保的保险公司办理索赔事宜。

【法条指引】

中华人民共和国民法典

第八百八十八条第一款　保管合同是保管人保管寄存人交付的保管物，并返还该物的合同。

附　　录

中华人民共和国民法典（节录）

（2020 年 5 月 28 日第十三届全国人民代表大会第三次会议通过）

第三条　民事主体的人身权利、财产权利以及其他合法权益受法律保护，任何组织或者个人不得侵犯。

第五条　民事主体从事民事活动，应当遵循自愿原则，按照自己的意思设立、变更、终止民事法律关系。

第六条　民事主体从事民事活动，应当遵循公平原则，合理确定各方的权利和义务。

第七条　民事主体从事民事活动，应当遵循诚信原则，秉持诚实，恪守承诺。

第十九条　八周岁以上的未成年人为限制民事行为能力人，实施民事法律行为由其法定代理人代理或者经其法定代理人同意、追认；但是，可以独立实施纯获利益的民事法律行为或者与其年龄、智力相适应的民事法律行为。

第二十条　不满八周岁的未成年人为无民事行为能力人，由其法定代理人代理实施民事法律行为。

第二十一条　不能辨认自己行为的成年人为无民事行为能力人，由其法定代理人代理实施民事法律行为。

八周岁以上的未成年人不能辨认自己行为的，适用前款规定。

第二十三条　无民事行为能力人、限制民事行为能力人的监护人是其法定代理人。

第二十七条　父母是未成年子女的监护人。

未成年人的父母已经死亡或者没有监护能力的，由下列有监护能力的人按顺序担任监护人：

（一）祖父母、外祖父母；

（二）兄、姐；

（三）其他愿意担任监护人的个人或者组织，但是须经未成年人住所地的居民委员会、村民委员会或者民政部门同意。

第二十八条 无民事行为能力或者限制民事行为能力的成年人，由下列有监护能力的人按顺序担任监护人：

（一）配偶；

（二）父母、子女；

（三）其他近亲属；

（四）其他愿意担任监护人的个人或者组织，但是须经被监护人住所地的居民委员会、村民委员会或者民政部门同意。

第三十一条 对监护人的确定有争议的，由被监护人住所地的居民委员会、村民委员会或者民政部门指定监护人，有关当事人对指定不服的，可以向人民法院申请指定监护人；有关当事人也可以直接向人民法院申请指定监护人。

居民委员会、村民委员会、民政部门或者人民法院应当尊重被监护人的真实意愿，按照最有利于被监护人的原则在依法具有监护资格的人中指定监护人。

依据本条第一款规定指定监护人前，被监护人的人身权利、财产权利以及其他合法权益处于无人保护状态的，由被监护人住所地的居民委员会、村民委员会、法律规定的有关组织或者民政部门担任临时监护人。

监护人被指定后，不得擅自变更；擅自变更的，不免除被指定的监护人的责任。

第三十四条 监护人的职责是代理被监护人实施民事法律行为，保护被监护人的人身权利、财产权利以及其他合法权益等。

监护人依法履行监护职责产生的权利，受法律保护。

监护人不履行监护职责或者侵害被监护人合法权益的，应当承担法律责任。

因发生突发事件等紧急情况，监护人暂时无法履行监护职责，被监护人的生活处于无人照料状态的，被监护人住所地的居民委员会、村民委员会或者民政部门应当为被监护人安排必要的临时生活照料措施。

第一百二十条 民事权益受到侵害的，被侵权人有权请求侵权人承担侵权责任。

第一百四十八条 一方以欺诈手段，使对方在违背真实意思的情况下实施的民事法律行为，受欺诈方有权请求人民法院或者仲裁机构予以撤销。

第一百五十七条 民事法律行为无效、被撤销或者确定不发生效力后，行为人因该行为取得的财产，应当予以返还；不能返还或者没有必要返还的，应当折价补偿。有过错的一方应当赔偿对方由此所受到的损失；各方都有过错的，应当各自承担相应的责任。法律另有规定的，依照其规定。

第一百七十九条 承担民事责任的方式主要有：

（一）停止侵害；

（二）排除妨碍；

（三）消除危险；

（四）返还财产；

（五）恢复原状；

（六）修理、重作、更换；

（七）继续履行；

（八）赔偿损失；

（九）支付违约金；

（十）消除影响、恢复名誉；

（十一）赔礼道歉。

法律规定惩罚性赔偿的，依照其规定。

本条规定的承担民事责任的方式，可以单独适用，也可以分并适用。

第一百八十二条 因紧急避险造成损害的，由引起险情发生的人承担民事责任。

危险由自然原因引起的，紧急避险人不承担民事责任，可以给予适当补偿。

紧急避险采取措施不当或者超过必要的限度，造成不应有的损害的，紧急避险人应当承担适当的民事责任。

第一百八十六条　因当事人一方的违约行为，损害对方人身权益、财产权益的，受损害方有权选择请求其承担违约责任或者侵权责任。

第四百六十五条　依法成立的合同，受法律保护。

依法成立的合同，仅对当事人具有法律约束力，但是法律另有规定的除外。

第四百六十九条　当事人订立合同，可以采用书面形式、口头形式或者其他形式。

书面形式是合同书、信件、电报、电传、传真等可以有形地表现所载内容的形式。

以电子数据交换、电子邮件等方式能够有形地表现所载内容，并可以随时调取查用的数据电文，视为书面形式。

第四百七十一条　当事人订立合同，可以采取要约、承诺方式或者其他方式。

第四百八十条　承诺应当以通知的方式作出；但是，根据交易习惯或者要约表明可以通过行为作出承诺的除外。

第四百九十六条　格式条款是当事人为了重复使用而预先拟定，并在订立合同时未与对方协商的条款。

采用格式条款订立合同的，提供格式条款的一方应当遵循公平原则确定当事人之间的权利和义务，并采取合理的方式提示对方注意免除或者减轻其责任等与对方有重大利害关系的条款，按照对方的要求，对该条款予以说明。提供格式条款的一方未履行提示或者说明义务，致使对方没有注意或者理解与其有重大利害关系的条款的，对方可以主张该条款不成为合同的内容。

第四百九十七条　有下列情形之一的，该格式条款无效：

（一）具有本法第一编第六章第三节和本法第五百零六条规定的无效情形；

（二）提供格式条款一方不合理地免除或者减轻其责任、加重对方责任、限制对方主要权利；

（三）提供格式条款一方排除对方主要权利。

第四百九十八条　对格式条款的理解发生争议的，应当按照通常理解予以解释。对格式条款有两种以上解释的，应当作出不利于提供格式条款一方的解释。格式条款和非格式条款不一致的，应当采用非格式条款。

第五百零二条 依法成立的合同，自成立时生效，但是法律另有规定或者当事人另有约定的除外。

依照法律、行政法规的规定，合同应当办理批准等手续的，依照其规定。未办理批准等手续影响合同生效的，不影响合同中履行报批等义务条款以及相关条款的效力。应当办理申请批准等手续的当事人未履行义务的，对方可以请求其承担违反该义务的责任。

依照法律、行政法规的规定，合同的变更、转让、解除等情形应当办理批准等手续的，适用前款规定。

第五百零九条 当事人应当按照约定全面履行自己的义务。

当事人应当遵循诚信原则，根据合同的性质、目的和交易习惯履行通知、协助、保密等义务。

当事人在履行合同过程中，应当避免浪费资源、污染环境和破坏生态。

第五百一十条 合同生效后，当事人就质量、价款或者报酬、履行地点等内容没有约定或者约定不明确的，可以协议补充；不能达成补充协议的，按照合同相关条款或者交易习惯确定。

第五百一十一条 当事人就有关合同内容约定不明确，依据前条规定仍不能确定的，适用下列规定：

（一）质量要求不明确的，按照强制性国家标准履行；没有强制性国家标准的，按照推荐性国家标准履行；没有推荐性国家标准的，按照行业标准履行；没有国家标准、行业标准的，按照通常标准或者符合合同目的的特定标准履行。

（二）价款或者报酬不明确的，按照订立合同时履行地的市场价格履行；依法应当执行政府定价或者政府指导价的，依照规定履行。

（三）履行地点不明确，给付货币的，在接受货币一方所在地履行；交付不动产的，在不动产所在地履行；其他标的，在履行义务一方所在地履行。

（四）履行期限不明确的，债务人可以随时履行，债权人也可以随时请求履行，但是应当给对方必要的准备时间。

（五）履行方式不明确的，按照有利于实现合同目的的方式履行。

（六）履行费用的负担不明确的，由履行义务一方负担；因债权人原因增加的履行费用，由债权人负担。

第五百四十五条　债权人可以将债权的全部或者部分转让给第三人，但是有下列情形之一的除外：

（一）根据债权性质不得转让；

（二）按照当事人约定不得转让；

（三）依照法律规定不得转让。

当事人约定非金钱债权不得转让的，不得对抗善意第三人。当事人约定金钱债权不得转让的，不得对抗第三人。

第五百四十六条　债权人转让债权，未通知债务人的，该转让对债务人不发生效力。

债权转让的通知不得撤销，但是经受让人同意的除外。

第五百五十一条　债务人将债务的全部或者部分转移给第三人的，应当经债权人同意。

债务人或者第三人可以催告债权人在合理期限内予以同意，债权人未作表示的，视为不同意。

第五百六十三条　有下列情形之一的，当事人可以解除合同：

（一）因不可抗力致使不能实现合同目的；

（二）在履行期限届满前，当事人一方明确表示或者以自己的行为表明不履行主要债务；

（三）当事人一方迟延履行主要债务，经催告后在合理期限内仍未履行；

（四）当事人一方迟延履行债务或者有其他违约行为致使不能实现合同目的；

（五）法律规定的其他情形。

以持续履行的债务为内容的不定期合同，当事人可以随时解除合同，但是应当在合理期限之前通知对方。

第五百七十七条　当事人一方不履行合同义务或者履行合同义务不符合约定的，应当承担继续履行、采取补救措施或者赔偿损失等违约责任。

第五百八十三条　当事人一方不履行合同义务或者履行合同义务不符合约定的，在履行义务或者采取补救措施后，对方还有其他损失的，应当赔偿损失。

第五百八十四条 当事人一方不履行合同义务或者履行合同义务不符合约定，造成对方损失的，损失赔偿额应当相当于因违约所造成的损失，包括合同履行后可以获得的利益；但是，不得超过违约一方订立合同时预见到或者应当预见到的因违约可能造成的损失。

第五百八十五条 当事人可以约定一方违约时应当根据违约情况向对方支付一定数额的违约金，也可以约定因违约产生的损失赔偿额的计算方法。

约定的违约金低于造成的损失的，人民法院或者仲裁机构可以根据当事人的请求予以增加；约定的违约金过分高于造成的损失的，人民法院或者仲裁机构可以根据当事人的请求予以适当减少。

当事人就迟延履行约定违约金的，违约方支付违约金后，还应当履行债务。

第五百九十条 当事人一方因不可抗力不能履行合同的，根据不可抗力的影响，部分或者全部免除责任，但是法律另有规定的除外。因不可抗力不能履行合同的，应当及时通知对方，以减轻可能给对方造成的损失，并应当在合理期限内提供证明。

当事人迟延履行后发生不可抗力的，不免除其违约责任。

第五百九十三条 当事人一方因第三人的原因造成违约的，应当依法向对方承担违约责任。当事人一方和第三人之间的纠纷，依照法律规定或者按照约定处理。

第六百六十一条 赠与可以附义务。

赠与附义务的，受赠人应当按照约定履行义务。

第六百六十二条 赠与的财产有瑕疵的，赠与人不承担责任。附义务的赠与，赠与的财产有瑕疵的，赠与人在附义务的限度内承担与出卖人相同的责任。

赠与人故意不告知瑕疵或者保证无瑕疵，造成受赠人损失的，应当承担损害赔偿责任。

第八百零九条 运输合同是承运人将旅客或者货物从起运地点运输到约定地点，旅客、托运人或者收货人支付票款或者运输费用的合同。

第八百一十一条 承运人应当在约定期限或者合理期限内将旅客、货物安全运输到约定地点。

第八百一十二条　承运人应当按照约定的或者通常的运输路线将旅客、货物运输到约定地点。

第八百一十四条　客运合同自承运人向旅客出具客票时成立，但是当事人另有约定或者另有交易习惯的除外。

第八百一十五条　旅客应当按照有效客票记载的时间、班次和座位号乘坐。旅客无票乘坐、超程乘坐、越级乘坐或者持不符合减价条件的优惠客票乘坐的，应当补交票款，承运人可以按照规定加收票款；旅客不支付票款的，承运人可以拒绝运输。

实名制客运合同的旅客丢失客票的，可以请求承运人挂失补办，承运人不得再次收取票款和其他不合理费用。

第八百一十九条　承运人应当严格履行安全运输义务，及时告知旅客安全运输应当注意的事项。旅客对承运人为安全运输所作的合理安排应当积极协助和配合。

第八百二十条　承运人应当按照有效客票记载的时间、班次和座位号运输旅客。承运人迟延运输或者有其他不能正常运输情形的，应当及时告知和提醒旅客，采取必要的安置措施，并根据旅客的要求安排改乘其他班次或者退票；由此造成旅客损失的，承运人应当承担赔偿责任，但是不可归责于承运人的除外。

第八百二十二条　承运人在运输过程中，应当尽力救助患有急病、分娩、遇险的旅客。

第八百二十三条　承运人应当对运输过程中旅客的伤亡承担赔偿责任；但是，伤亡是旅客自身健康原因造成的或者承运人证明伤亡是旅客故意、重大过失造成的除外。

前款规定适用于按照规定免票、持优待票或者经承运人许可搭乘的无票旅客。

第八百八十八条　保管合同是保管人保管寄存人交付的保管物，并返还该物的合同。

寄存人到保管人处从事购物、就餐、住宿等活动，将物品存放在指定场所的，视为保管，但是当事人另有约定或者另有交易习惯的除外。

第八百八十九条　寄存人应当按照约定向保管人支付保管费。

当事人对保管费没有约定或者约定不明确，依据本法第五百一十条的规定仍不能确定的，视为无偿保管。

第八百九十条 保管合同自保管物交付时成立，但是当事人另有约定的除外。

第八百九十一条 寄存人向保管人交付保管物的，保管人应当出具保管凭证，但是另有交易习惯的除外。

第八百九十四条 保管人不得将保管物转交第三人保管，但是当事人另有约定的除外。

保管人违反前款规定，将保管物转交第三人保管，造成保管物损失的，应当承担赔偿责任。

第八百九十七条 保管期内，因保管人保管不善造成保管物毁损、灭失的，保管人应当承担赔偿责任。但是，无偿保管人证明自己没有故意或者重大过失的，不承担赔偿责任。

第八百九十九条 寄存人可以随时领取保管物。

当事人对保管期限没有约定或者约定不明确的，保管人可以随时请求寄存人领取保管物；约定保管期限的，保管人无特别事由，不得请求寄存人提前领取保管物。

第九百二十六条 受托人以自己的名义与第三人订立合同时，第三人不知道受托人与委托人之间的代理关系的，受托人因第三人的原因对委托人不履行义务，受托人应当向委托人披露第三人，委托人因此可以行使受托人对第三人的权利。但是，第三人与受托人订立合同时如果知道该委托人就不会订立合同的除外。

受托人因委托人的原因对第三人不履行义务，受托人应当向第三人披露委托人，第三人因此可以选择受托人或者委托人作为相对人主张其权利，但是第三人不得变更选定的相对人。

委托人行使受托人对第三人的权利的，第三人可以向委托人主张其对受托人的抗辩。第三人选定委托人作为其相对人的，委托人可以向第三人主张其对受托人的抗辩以及受托人对第三人的抗辩。

第九百九十条 人格权是民事主体享有的生命权、身体权、健康权、姓名权、名称权、肖像权、名誉权、荣誉权、隐私权等权利。

除前款规定的人格权外，自然人享有基于人身自由、人格尊严产生的其他人格权益。

第一千条　行为人因侵害人格权承担消除影响、恢复名誉、赔礼道歉等民事责任的，应当与行为的具体方式和造成的影响范围相当。

行为人拒不承担前款规定的民事责任的，人民法院可以采取在报刊、网络等媒体上发布公告或者公布生效裁判文书等方式执行，产生的费用由行为人负担。

第一千一百七十九条　侵害他人造成人身损害的，应当赔偿医疗费、护理费、交通费、营养费、住院伙食补助费等为治疗和康复支出的合理费用，以及因误工减少的收入。造成残疾的，还应当赔偿辅助器具费和残疾赔偿金；造成死亡的，还应当赔偿丧葬费和死亡赔偿金。

第一千一百八十六条　受害人和行为人对损害的发生都没有过错的，依照法律的规定由双方分担损失。

第一千二百零一条　无民事行为能力人或者限制民事行为能力人在幼儿园、学校或者其他教育机构学习、生活期间，受到幼儿园、学校或者其他教育机构以外的第三人人身损害的，由第三人承担侵权责任；幼儿园、学校或者其他教育机构未尽到管理职责的，承担相应的补充责任。幼儿园、学校或者其他教育机构承担补充责任后，可以向第三人追偿。

第一千二百零二条　因产品存在缺陷造成他人损害的，生产者应当承担侵权责任。

第一千二百零三条　因产品存在缺陷造成他人损害的，被侵权人可以向产品的生产者请求赔偿，也可以向产品的销售者请求赔偿。

产品缺陷由生产者造成的，销售者赔偿后，有权向生产者追偿。因销售者的过错使产品存在缺陷的，生产者赔偿后，有权向销售者追偿。

第一千二百零四条　因运输者、仓储者等第三人的过错使产品存在缺陷，造成他人损害的，产品的生产者、销售者赔偿后，有权向第三人追偿。

第一千二百四十五条　饲养的动物造成他人损害的，动物饲养人或者管理人应当承担侵权责任；但是，能够证明损害是因被侵权人故意或者重大过失造成的，可以不承担或者减轻责任。

中华人民共和国消费者权益保护法

（1993年10月31日第八届全国人民代表大会常务委员会第四次会议通过　根据2009年8月27日第十一届全国人民代表大会常务委员会第十次会议《关于修改部分法律的决定》第一次修正　根据2013年10月25日第十二届全国人民代表大会常务委员会第五次会议《关于修改〈中华人民共和国消费者权益保护法〉的决定》第二次修正）

第一章　总　　则

第一条　为保护消费者的合法权益，维护社会经济秩序，促进社会主义市场经济健康发展，制定本法。

第二条　消费者为生活消费需要购买、使用商品或者接受服务，其权益受本法保护；本法未作规定的，受其他有关法律、法规保护。

第三条　经营者为消费者提供其生产、销售的商品或者提供服务，应当遵守本法；本法未作规定的，应当遵守其他有关法律、法规。

第四条　经营者与消费者进行交易，应当遵循自愿、平等、公平、诚实信用的原则。

第五条　国家保护消费者的合法权益不受侵害。

国家采取措施，保障消费者依法行使权利，维护消费者的合法权益。

国家倡导文明、健康、节约资源和保护环境的消费方式，反对浪费。

第六条　保护消费者的合法权益是全社会的共同责任。

国家鼓励、支持一切组织和个人对损害消费者合法权益的行为进行社会监督。

大众传播媒介应当做好维护消费者合法权益的宣传，对损害消费者合法权益的行为进行舆论监督。

第二章　消费者的权利

第七条　消费者在购买、使用商品和接受服务时享有人身、财产安全不受损害的权利。

消费者有权要求经营者提供的商品和服务，符合保障人身、财产安全的要求。

第八条　消费者享有知悉其购买、使用的商品或者接受的服务的真实情况的权利。

消费者有权根据商品或者服务的不同情况，要求经营者提供商品的价格、产地、生产者、用途、性能、规格、等级、主要成份、生产日期、有效期限、检验合格证明、使用方法说明书、售后服务，或者服务的内容、规格、费用等有关情况。

第九条　消费者享有自主选择商品或者服务的权利。

消费者有权自主选择提供商品或者服务的经营者，自主选择商品品种或者服务方式，自主决定购买或者不购买任何一种商品、接受或者不接受任何一项服务。

消费者在自主选择商品或者服务时，有权进行比较、鉴别和挑选。

第十条　消费者享有公平交易的权利。

消费者在购买商品或者接受服务时，有权获得质量保障、价格合理、计量正确等公平交易条件，有权拒绝经营者的强制交易行为。

第十一条　消费者因购买、使用商品或者接受服务受到人身、财产损害的，享有依法获得赔偿的权利。

第十二条　消费者享有依法成立维护自身合法权益的社会组织的权利。

第十三条　消费者享有获得有关消费和消费者权益保护方面的知识的权利。

消费者应当努力掌握所需商品或者服务的知识和使用技能，正确使用商品，提高自我保护意识。

第十四条　消费者在购买、使用商品和接受服务时，享有人格尊严、民族风俗习惯得到尊重的权利，享有个人信息依法得到保护的权利。

第十五条　消费者享有对商品和服务以及保护消费者权益工作进行监督的权利。

消费者有权检举、控告侵害消费者权益的行为和国家机关及其工作人员在保护消费者权益工作中的违法失职行为，有权对保护消费者权益工作提出批评、建议。

第三章　经营者的义务

第十六条　经营者向消费者提供商品或者服务，应当依照本法和其他有关法律、法规的规定履行义务。

经营者和消费者有约定的，应当按照约定履行义务，但双方的约定不得违背法律、法规的规定。

经营者向消费者提供商品或者服务，应当恪守社会公德，诚信经营，保障消费者的合法权益；不得设定不公平、不合理的交易条件，不得强制交易。

第十七条　经营者应当听取消费者对其提供的商品或者服务的意见，接受消费者的监督。

第十八条　经营者应当保证其提供的商品或者服务符合保障人身、财产安全的要求。对可能危及人身、财产安全的商品和服务，应当向消费者作出真实的说明和明确的警示，并说明和标明正确使用商品或者接受服务的方法以及防止危害发生的方法。

宾馆、商场、餐馆、银行、机场、车站、港口、影剧院等经营场所的经营者，应当对消费者尽到安全保障义务。

第十九条　经营者发现其提供的商品或者服务存在缺陷，有危及人身、财产安全危险的，应当立即向有关行政部门报告和告知消费者，并采取停止销售、警示、召回、无害化处理、销毁、停止生产或者服务等措施。采取召回措施的，经营者应当承担消费者因商品被召回支出的必要费用。

第二十条　经营者向消费者提供有关商品或者服务的质量、性能、用途、有效期限等信息，应当真实、全面，不得作虚假或者引人误解的宣传。

经营者对消费者就其提供的商品或者服务的质量和使用方法等问题提出的询问，应当作出真实、明确的答复。

经营者提供商品或者服务应当明码标价。

第二十一条　经营者应当标明其真实名称和标记。

租赁他人柜台或者场地的经营者，应当标明其真实名称和标记。

第二十二条　经营者提供商品或者服务，应当按照国家有关规定或者商业惯例向消费者出具发票等购货凭证或者服务单据；消费者索要发票等购货凭证或者服务单据的，经营者必须出具。

第二十三条　经营者应当保证在正常使用商品或者接受服务的情况下其提供的商品或者服务应当具有的质量、性能、用途和有效期限；但消费者在购买该商品或者接受该服务前已经知道其存在瑕疵，且存在该瑕疵不违反法律强制性规定的除外。

经营者以广告、产品说明、实物样品或者其他方式表明商品或者服务的质量状况的，应当保证其提供的商品或者服务的实际质量与表明的质量状况相符。

经营者提供的机动车、计算机、电视机、电冰箱、空调器、洗衣机等耐用商品或者装饰装修等服务，消费者自接受商品或者服务之日起六个月内发现瑕疵，发生争议的，由经营者承担有关瑕疵的举证责任。

第二十四条　经营者提供的商品或者服务不符合质量要求的，消费者可以依照国家规定、当事人约定退货，或者要求经营者履行更换、修理等义务。没有国家规定和当事人约定的，消费者可以自收到商品之日起七日内退货；七日后符合法定解除合同条件的，消费者可以及时退货，不符合法定解除合同条件的，可以要求经营者履行更换、修理等义务。

依照前款规定进行退货、更换、修理的，经营者应当承担运输等必要费用。

第二十五条　经营者采用网络、电视、电话、邮购等方式销售商品，消费者有权自收到商品之日起七日内退货，且无需说明理由，但下列商品除外：

（一）消费者定作的；

（二）鲜活易腐的；

（三）在线下载或者消费者拆封的音像制品、计算机软件等数字化商品；

（四）交付的报纸、期刊。

除前款所列商品外，其他根据商品性质并经消费者在购买时确认不宜退货的商品，不适用无理由退货。

消费者退货的商品应当完好。经营者应当自收到退回商品之日起七日内返还消费者支付的商品价款。退回商品的运费由消费者承担；经营者和消费者另有约定的，按照约定。

第二十六条 经营者在经营活动中使用格式条款的，应当以显著方式提请消费者注意商品或者服务的数量和质量、价款或者费用、履行期限和方式、安全注意事项和风险警示、售后服务、民事责任等与消费者有重大利害关系的内容，并按照消费者的要求予以说明。

经营者不得以格式条款、通知、声明、店堂告示等方式，作出排除或者限制消费者权利、减轻或者免除经营者责任、加重消费者责任等对消费者不公平、不合理的规定，不得利用格式条款并借助技术手段强制交易。

格式条款、通知、声明、店堂告示等含有前款所列内容的，其内容无效。

第二十七条 经营者不得对消费者进行侮辱、诽谤，不得搜查消费者的身体及其携带的物品，不得侵犯消费者的人身自由。

第二十八条 采用网络、电视、电话、邮购等方式提供商品或者服务的经营者，以及提供证券、保险、银行等金融服务的经营者，应当向消费者提供经营地址、联系方式、商品或者服务的数量和质量、价款或者费用、履行期限和方式、安全注意事项和风险警示、售后服务、民事责任等信息。

第二十九条 经营者收集、使用消费者个人信息，应当遵循合法、正当、必要的原则，明示收集、使用信息的目的、方式和范围，并经消费者同意。经营者收集、使用消费者个人信息，应当公开其收集、使用规则，不得违反法律、法规的规定和双方的约定收集、使用信息。

经营者及其工作人员对收集的消费者个人信息必须严格保密，不得泄露、出售或者非法向他人提供。经营者应当采取技术措施和其他必要措施，确保信息安全，防止消费者个人信息泄露、丢失。在发生或者可能发生信息泄露、丢失的情况时，应当立即采取补救措施。

经营者未经消费者同意或者请求，或者消费者明确表示拒绝的，不得向其发送商业性信息。

第四章　国家对消费者合法权益的保护

第三十条 国家制定有关消费者权益的法律、法规、规章和强制性标准，应当听取消费者和消费者协会等组织的意见。

第三十一条　各级人民政府应当加强领导，组织、协调、督促有关行政部门做好保护消费者合法权益的工作，落实保护消费者合法权益的职责。

各级人民政府应当加强监督，预防危害消费者人身、财产安全行为的发生，及时制止危害消费者人身、财产安全的行为。

第三十二条　各级人民政府工商行政管理部门和其他有关行政部门应当依照法律、法规的规定，在各自的职责范围内，采取措施，保护消费者的合法权益。

有关行政部门应当听取消费者和消费者协会等组织对经营者交易行为、商品和服务质量问题的意见，及时调查处理。

第三十三条　有关行政部门在各自的职责范围内，应当定期或者不定期对经营者提供的商品和服务进行抽查检验，并及时向社会公布抽查检验结果。

有关行政部门发现并认定经营者提供的商品或者服务存在缺陷，有危及人身、财产安全危险的，应当立即责令经营者采取停止销售、警示、召回、无害化处理、销毁、停止生产或者服务等措施。

第三十四条　有关国家机关应当依照法律、法规的规定，惩处经营者在提供商品和服务中侵害消费者合法权益的违法犯罪行为。

第三十五条　人民法院应当采取措施，方便消费者提起诉讼。对符合《中华人民共和国民事诉讼法》起诉条件的消费者权益争议，必须受理，及时审理。

第五章　消费者组织

第三十六条　消费者协会和其他消费者组织是依法成立的对商品和服务进行社会监督的保护消费者合法权益的社会组织。

第三十七条　消费者协会履行下列公益性职责：

（一）向消费者提供消费信息和咨询服务，提高消费者维护自身合法权益的能力，引导文明、健康、节约资源和保护环境的消费方式；

（二）参与制定有关消费者权益的法律、法规、规章和强制性标准；

（三）参与有关行政部门对商品和服务的监督、检查；

（四）就有关消费者合法权益的问题，向有关部门反映、查询，提出建议；

（五）受理消费者的投诉，并对投诉事项进行调查、调解；

（六）投诉事项涉及商品和服务质量问题的，可以委托具备资格的鉴定人鉴定，鉴定人应当告知鉴定意见；

（七）就损害消费者合法权益的行为，支持受损害的消费者提起诉讼或者依照本法提起诉讼；

（八）对损害消费者合法权益的行为，通过大众传播媒介予以揭露、批评。

各级人民政府对消费者协会履行职责应当予以必要的经费等支持。

消费者协会应当认真履行保护消费者合法权益的职责，听取消费者的意见和建议，接受社会监督。

依法成立的其他消费者组织依照法律、法规及其章程的规定，开展保护消费者合法权益的活动。

第三十八条　消费者组织不得从事商品经营和营利性服务，不得以收取费用或者其他牟取利益的方式向消费者推荐商品和服务。

第六章　争议的解决

第三十九条　消费者和经营者发生消费者权益争议的，可以通过下列途径解决：

（一）与经营者协商和解；

（二）请求消费者协会或者依法成立的其他调解组织调解；

（三）向有关行政部门投诉；

（四）根据与经营者达成的仲裁协议提请仲裁机构仲裁；

（五）向人民法院提起诉讼。

第四十条　消费者在购买、使用商品时，其合法权益受到损害的，可以向销售者要求赔偿。销售者赔偿后，属于生产者的责任或者属于向销售者提供商品的其他销售者的责任的，销售者有权向生产者或者其他销售者追偿。

消费者或者其他受害人因商品缺陷造成人身、财产损害的，可以向销售者要求赔偿，也可以向生产者要求赔偿。属于生产者责任的，销售者赔偿后，有权向生产者追偿。属于销售者责任的，生产者赔偿后，有权向销售者追偿。

消费者在接受服务时，其合法权益受到损害的，可以向服务者要求赔偿。

第四十一条　消费者在购买、使用商品或者接受服务时，其合法权益受到损害，因原企业分立、合并的，可以向变更后承受其权利义务的企业要求赔偿。

第四十二条　使用他人营业执照的违法经营者提供商品或者服务，损害消费者合法权益的，消费者可以向其要求赔偿，也可以向营业执照的持有人要求赔偿。

第四十三条　消费者在展销会、租赁柜台购买商品或者接受服务，其合法权益受到损害的，可以向销售者或者服务者要求赔偿。展销会结束或者柜台租赁期满后，也可以向展销会的举办者、柜台的出租者要求赔偿。展销会的举办者、柜台的出租者赔偿后，有权向销售者或者服务者追偿。

第四十四条　消费者通过网络交易平台购买商品或者接受服务，其合法权益受到损害的，可以向销售者或者服务者要求赔偿。网络交易平台提供者不能提供销售者或者服务者的真实名称、地址和有效联系方式的，消费者也可以向网络交易平台提供者要求赔偿；网络交易平台提供者作出更有利于消费者的承诺的，应当履行承诺。网络交易平台提供者赔偿后，有权向销售者或者服务者追偿。

网络交易平台提供者明知或者应知销售者或者服务者利用其平台侵害消费者合法权益，未采取必要措施的，依法与该销售者或者服务者承担连带责任。

第四十五条　消费者因经营者利用虚假广告或者其他虚假宣传方式提供商品或者服务，其合法权益受到损害的，可以向经营者要求赔偿。广告经营者、发布者发布虚假广告的，消费者可以请求行政主管部门予以惩处。广告经营者、发布者不能提供经营者的真实名称、地址和有效联系方式的，应当承担赔偿责任。

广告经营者、发布者设计、制作、发布关系消费者生命健康商品或者服务的虚假广告，造成消费者损害的，应当与提供该商品或者服务的经营者承担连带责任。

社会团体或者其他组织、个人在关系消费者生命健康商品或者服务的虚假广告或者其他虚假宣传中向消费者推荐商品或者服务，造成消费者损害的，应当与提供该商品或者服务的经营者承担连带责任。

第四十六条 消费者向有关行政部门投诉的，该部门应当自收到投诉之日起七个工作日内，予以处理并告知消费者。

第四十七条 对侵害众多消费者合法权益的行为，中国消费者协会以及在省、自治区、直辖市设立的消费者协会，可以向人民法院提起诉讼。

第七章 法律责任

第四十八条 经营者提供商品或者服务有下列情形之一的，除本法另有规定外，应当依照其他有关法律、法规的规定，承担民事责任：

（一）商品或者服务存在缺陷的；

（二）不具备商品应当具备的使用性能而出售时未作说明的；

（三）不符合在商品或者其包装上注明采用的商品标准的；

（四）不符合商品说明、实物样品等方式表明的质量状况的；

（五）生产国家明令淘汰的商品或者销售失效、变质的商品的；

（六）销售的商品数量不足的；

（七）服务的内容和费用违反约定的；

（八）对消费者提出的修理、重作、更换、退货、补足商品数量、退还货款和服务费用或者赔偿损失的要求，故意拖延或者无理拒绝的；

（九）法律、法规规定的其他损害消费者权益的情形。

经营者对消费者未尽到安全保障义务，造成消费者损害的，应当承担侵权责任。

第四十九条 经营者提供商品或者服务，造成消费者或者其他受害人人身伤害的，应当赔偿医疗费、护理费、交通费等为治疗和康复支出的合理费用，以及因误工减少的收入。造成残疾的，还应当赔偿残疾生活辅助具费和残疾赔偿金。造成死亡的，还应当赔偿丧葬费和死亡赔偿金。

第五十条 经营者侵害消费者的人格尊严、侵犯消费者人身自由或者侵害消费者个人信息依法得到保护的权利的，应当停止侵害、恢复名誉、消除影响、赔礼道歉，并赔偿损失。

第五十一条 经营者有侮辱诽谤、搜查身体、侵犯人身自由等侵害消费者或者其他受害人人身权益的行为，造成严重精神损害的，受害人可以要求精神损害赔偿。

第五十二条 经营者提供商品或者服务，造成消费者财产损害的，应当依照法律规定或者当事人约定承担修理、重作、更换、退货、补足商品数量、退还货款和服务费用或者赔偿损失等民事责任。

第五十三条 经营者以预收款方式提供商品或者服务的，应当按照约定提供。未按照约定提供的，应当按照消费者的要求履行约定或者退回预付款；并应当承担预付款的利息、消费者必须支付的合理费用。

第五十四条 依法经有关行政部门认定为不合格的商品，消费者要求退货的，经营者应当负责退货。

第五十五条 经营者提供商品或者服务有欺诈行为的，应当按照消费者的要求增加赔偿其受到的损失，增加赔偿的金额为消费者购买商品的价款或者接受服务的费用的三倍；增加赔偿的金额不足五百元的，为五百元。法律另有规定的，依照其规定。

经营者明知商品或者服务存在缺陷，仍然向消费者提供，造成消费者或者其他受害人死亡或者健康严重损害的，受害人有权要求经营者依照本法第四十九条、第五十一条等法律规定赔偿损失，并有权要求所受损失二倍以下的惩罚性赔偿。

第五十六条 经营者有下列情形之一，除承担相应的民事责任外，其他有关法律、法规对处罚机关和处罚方式有规定的，依照法律、法规的规定执行；法律、法规未作规定的，由工商行政管理部门或者其他有关行政部门责令改正，可以根据情节单处或者并处警告、没收违法所得、处以违法所得一倍以上十倍以下的罚款，没有违法所得的，处以五十万元以下的罚款；情节严重的，责令停业整顿、吊销营业执照：

（一）提供的商品或者服务不符合保障人身、财产安全要求的；

（二）在商品中掺杂、掺假，以假充真，以次充好，或者以不合格商品冒充合格商品的；

（三）生产国家明令淘汰的商品或者销售失效、变质的商品的；

（四）伪造商品的产地，伪造或者冒用他人的厂名、厂址，篡改生产日期，伪造或者冒用认证标志等质量标志的；

（五）销售的商品应当检验、检疫而未检验、检疫或者伪造检验、检疫结果的；

（六）对商品或者服务作虚假或者引人误解的宣传的；

（七）拒绝或者拖延有关行政部门责令对缺陷商品或者服务采取停止销售、警示、召回、无害化处理、销毁、停止生产或者服务等措施的；

（八）对消费者提出的修理、重作、更换、退货、补足商品数量、退还货款和服务费用或者赔偿损失的要求，故意拖延或者无理拒绝的；

（九）侵害消费者人格尊严、侵犯消费者人身自由或者侵害消费者个人信息依法得到保护的权利的；

（十）法律、法规规定的对损害消费者权益应当予以处罚的其他情形。

经营者有前款规定情形的，除依照法律、法规规定予以处罚外，处罚机关应当记入信用档案，向社会公布。

第五十七条 经营者违反本法规定提供商品或者服务，侵害消费者合法权益，构成犯罪的，依法追究刑事责任。

第五十八条 经营者违反本法规定，应当承担民事赔偿责任和缴纳罚款、罚金，其财产不足以同时支付的，先承担民事赔偿责任。

第五十九条 经营者对行政处罚决定不服的，可以依法申请行政复议或者提起行政诉讼。

第六十条 以暴力、威胁等方法阻碍有关行政部门工作人员依法执行职务的，依法追究刑事责任；拒绝、阻碍有关行政部门工作人员依法执行职务，未使用暴力、威胁方法的，由公安机关依照《中华人民共和国治安管理处罚法》的规定处罚。

第六十一条 国家机关工作人员玩忽职守或者包庇经营者侵害消费者合法权益的行为的，由其所在单位或者上级机关给予行政处分；情节严重，构成犯罪的，依法追究刑事责任。

第八章　附　　则

第六十二条 农民购买、使用直接用于农业生产的生产资料，参照本法执行。

第六十三条 本法自 1994 年 1 月 1 日起施行。

中华人民共和国产品质量法（节录）

（1993年2月22日第七届全国人民代表大会常务委员会第三十次会议通过　根据2000年7月8日第九届全国人民代表大会常务委员会第十六次会议《关于修改〈中华人民共和国产品质量法〉的决定》第一次修正 根据2009年8月27日第十一届全国人民代表大会常务委员会第十次会议《关于修改部分法律的决定》第二次修正　根据2018年12月29日第十三届全国人民代表大会常务委员会第七次会议《关于修改〈中华人民共和国产品质量法〉等五部法律的决定》第三次修正）

第四条　生产者、销售者依照本法规定承担产品质量责任。

第十二条　产品质量应当检验合格，不得以不合格产品冒充合格产品。

第十三条　可能危及人体健康和人身、财产安全的工业产品，必须符合保障人体健康和人身、财产安全的国家标准、行业标准；未制定国家标准、行业标准的，必须符合保障人体健康和人身、财产安全的要求。

禁止生产、销售不符合保障人体健康和人身、财产安全的标准和要求的工业产品。具体管理办法由国务院规定。

第二十六条　生产者应当对其生产的产品质量负责。

产品质量应当符合下列要求：

（一）不存在危及人身、财产安全的不合理的危险，有保障人体健康和人身、财产安全的国家标准、行业标准的，应当符合该标准；

（二）具备产品应当具备的使用性能，但是，对产品存在使用性能的瑕疵作出说明的除外；

（三）符合在产品或者其包装上注明采用的产品标准，符合以产品说明、实物样品等方式表明的质量状况。

第二十七条　产品或者其包装上的标识必须真实，并符合下列要求：

（一）有产品质量检验合格证明；

（二）有中文标明的产品名称、生产厂厂名和厂址；

（三）根据产品的特点和使用要求，需要标明产品规格、等级、所含主要成份的名称和含量的，用中文相应予以标明；需要事先让消费者知晓的，应当在外包装上标明，或者预先向消费者提供有关资料；

（四）限期使用的产品，应当在显著位置清晰地标明生产日期和安全使用期或者失效日期；

（五）使用不当，容易造成产品本身损坏或者可能危及人身、财产安全的产品，应当有警示标志或者中文警示说明。

裸装的食品和其他根据产品的特点难以附加标识的裸装产品，可以不附加产品标识。

第四十条 售出的产品有下列情形之一的，销售者应当负责修理、更换、退货；给购买产品的消费者造成损失的，销售者应当赔偿损失：

（一）不具备产品应当具备的使用性能而事先未作说明的；

（二）不符合在产品或者其包装上注明采用的产品标准的；

（三）不符合以产品说明、实物样品等方式表明的质量状况的。

销售者依照前款规定负责修理、更换、退货、赔偿损失后，属于生产者的责任或者属于向销售者提供产品的其他销售者（以下简称供货者）的责任的，销售者有权向生产者、供货者追偿。

销售者未按照第一款规定给予修理、更换、退货或者赔偿损失的，由市场监督管理部门责令改正。

生产者之间，销售者之间，生产者与销售者之间订立的买卖合同、承揽合同有不同约定的，合同当事人按照合同约定执行。

第四十一条 因产品存在缺陷造成人身、缺陷产品以外的其他财产（以下简称他人财产）损害的，生产者应当承担赔偿责任。

生产者能够证明有下列情形之一的，不承担赔偿责任：

（一）未将产品投入流通的；

（二）产品投入流通时，引起损害的缺陷尚不存在的；

（三）将产品投入流通时的科学技术水平尚不能发现缺陷的存在的。

第四十二条 由于销售者的过错使产品存在缺陷，造成人身、他人财产损害的，销售者应当承担赔偿责任。

销售者不能指明缺陷产品的生产者也不能指明缺陷产品的供货者的，销售者应当承担赔偿责任。

第四十三条 因产品存在缺陷造成人身、他人财产损害的，受害人可以向产品的生产者要求赔偿，也可以向产品的销售者要求赔偿。属于产品的生产者的责任，产品的销售者赔偿的，产品的销售者有权向产品的生产者追偿。属于产品的销售者的责任，产品的生产者赔偿的，产品的生产者有权向产品的销售者追偿。

第四十六条　本法所称缺陷，是指产品存在危及人身、他人财产安全的不合理的危险；产品有保障人体健康和人身、财产安全的国家标准、行业标准的，是指不符合该标准。

中华人民共和国反不正当竞争法（节录）

（1993年9月2日第八届全国人民代表大会常务委员会第三次会议通过 2017年11月4日第十二届全国人民代表大会常务委员会第三十次会议修订 根据2019年4月23日第十三届全国人民代表大会常务委员会第十次会议《关于修改〈中华人民共和国建筑法〉等八部法律的决定》修正）

第二条 经营者在生产经营活动中，应当遵循自愿、平等、公平、诚信的原则，遵守法律和商业道德。

本法所称的不正当竞争行为，是指经营者在生产经营活动中，违反本法规定，扰乱市场竞争秩序，损害其他经营者或者消费者的合法权益的行为。

本法所称的经营者，是指从事商品生产、经营或者提供服务（以下所称商品包括服务）的自然人、法人和非法人组织。

中华人民共和国铁路法（节录）

（1990年9月7日第七届全国人民代表大会常务委员会第十五次会议通过 根据2009年8月27日第十一届全国人民代表大会常务委员会第十次会议《关于修改部分法律的决定》第一次修正 根据2015年4月24日第十二届全国人民代表大会常务委员会第十四次会议《关于修改〈中华人民共和国义务教育法〉等五部法律的决定》第二次修正）

第十条 铁路运输企业应当保证旅客和货物运输的安全，做到列车正点到达。

第十二条 铁路运输企业应当保证旅客按车票载明的日期、车次乘车，并到达目的站。因铁路运输企业的责任造成旅客不能按车票载明的日期、车次乘车的，铁路运输企业应当按照旅客的要求，退还全部票款或者安排改乘到达相同目的站的其他列车。

中华人民共和国旅游法（节录）

（2013年4月25日第十二届全国人民代表大会常务委员会第二次会议通过　根据2016年11月7日第十二届全国人民代表大会常务委员会第二十四次会议《关于修改〈中华人民共和国对外贸易法〉等十二部法律的决定》第一次修正　根据2018年10月26日第十三届全国人民代表大会常务委员会第六次会议《关于修改〈中华人民共和国野生动物保护法〉等十五部法律的决定》第二次修正）

第六十七条　因不可抗力或者旅行社、履行辅助人已尽合理注意义务仍不能避免的事件，影响旅游行程的，按照下列情形处理：

（一）合同不能继续履行的，旅行社和旅游者均可以解除合同。合同不能完全履行的，旅行社经向旅游者作出说明，可以在合理范围内变更合同；旅游者不同意变更的，可以解除合同。

（二）合同解除的，组团社应当在扣除已向地接社或者履行辅助人支付且不可退还的费用后，将余款退还旅游者；合同变更的，因此增加的费用由旅游者承担，减少的费用退还旅游者。

（三）危及旅游者人身、财产安全的，旅行社应当采取相应的安全措施，因此支出的费用，由旅行社与旅游者分担。

（四）造成旅游者滞留的，旅行社应当采取相应的安置措施。因此增加的食宿费用，由旅游者承担；增加的返程费用，由旅行社与旅游者分担。

中华人民共和国著作权法（节录）

（1990年9月7日第七届全国人民代表大会常务委员会第十五次会议通过　根据2001年10月27日第九届全国人民代表大会常务委员会第二十四次会议《关于修改〈中华人民共和国著作权法〉的决定》第一次修正　根据2010年2月26日第十一届全国人民代表大会常务委员会第十三次会议《关于修改〈中华人民共和国著作权法〉的决定》第二次修正　根据2020年11月11日第十三届全国人民代表大会常务委员会第二十三次会议《关于修改〈中华人民共和国著作权法〉的决定》第三次修正）

第十九条　受委托创作的作品，著作权的归属由委托人和受托人通过合同约定。合同未作明确约定或者没有订立合同的，著作权属于受托人。

第二十条　作品原件所有权的转移，不改变作品著作权的归属，但美术、摄影作品原件的展览权由原件所有人享有。

作者将未发表的美术、摄影作品的原件所有权转让给他人，受让人展览该原件不构成对作者发表权的侵犯。

旅行社条例（节录）

（2009年2月20日中华人民共和国国务院令第550号公布　根据2016年2月6日《国务院关于修改部分行政法规的决定》第一次修订　根据2017年3月1日《国务院关于修改和废止部分行政法规的决定》第二次修订　根据2020年11月29日《国务院关于修改和废止部分行政法规的决定》第三次修订）

第四条　旅行社在经营活动中应当遵循自愿、平等、公平、诚信的原则，提高服务质量，维护旅游者的合法权益。

第二十四条　旅行社向旅游者提供的旅游服务信息必须真实可靠，不得作虚假宣传。

第三十二条　旅行社聘用导游人员、领队人员应当依法签订劳动合同，并向其支付不低于当地最低工资标准的报酬。

第三十三条　旅行社及其委派的导游人员和领队人员不得有下列行为：

（一）拒绝履行旅游合同约定的义务；

（二）非因不可抗力改变旅游合同安排的行程；

（三）欺骗、胁迫旅游者购物或者参加需要另行付费的游览项目。

第三十五条　旅行社违反旅游合同约定，造成旅游者合法权益受到损害的，应当采取必要的补救措施，并及时报告旅游行政管理部门。

第三十七条　旅行社将旅游业务委托给其他旅行社的，应当向接受委托的旅行社支付不低于接待和服务成本的费用；接受委托的旅行社不得接待不支付或者不足额支付接待和服务费用的旅游团队。

接受委托的旅行社违约，造成旅游者合法权益受到损害的，作出委托的旅行社应当承担相应的赔偿责任。作出委托的旅行社赔偿后，可以向接受委托的旅行社追偿。

接受委托的旅行社故意或者重大过失造成旅游者合法权益损害的，应当承担连带责任。

第三十八条　旅行社应当投保旅行社责任险。旅行社责任险的具体方案由国务院旅游行政主管部门会同国务院保险监督管理机构另行制定。

第三十九条　旅行社对可能危及旅游者人身、财产安全的事项，应当向旅游者作出真实的说明和明确的警示，并采取防止危害发生的必要措施。

发生危及旅游者人身安全的情形的，旅行社及其委派的导游人员、领队人员应当采取必要的处置措施并及时报告旅游行政管理部门；在境外发生的，还应当及时报告中华人民共和国驻该国使领馆、相关驻外机构、当地警方。

最高人民法院关于审理旅游纠纷案件适用法律若干问题的规定（节录）

（2010年9月13日最高人民法院审判委员会第1496次会议通过　根据2020年12月23日最高人民法院审判委员会第1823次会议通过的《最高人民法院关于修改〈最高人民法院关于在民事审判工作中适用《中华人民共和国工会法》若干问题的解释〉等二十七件民事类司法解释的决定》修正）

第一条　本规定所称的旅游纠纷，是指旅游者与旅游经营者、旅游辅助服务者之间因旅游发生的合同纠纷或者侵权纠纷。

“旅游经营者”是指以自己的名义经营旅游业务，向公众提供旅游服务的人。

“旅游辅助服务者”是指与旅游经营者存在合同关系，协助旅游经营者履行旅游合同义务，实际提供交通、游览、住宿、餐饮、娱乐等旅游服务的人。

旅游者在自行旅游过程中与旅游景点经营者因旅游发生的纠纷，参照适用本规定。

第七条　旅游经营者、旅游辅助服务者未尽到安全保障义务，造成旅游者人身损害、财产损失，旅游者请求旅游经营者、旅游辅助服务者承担责任的，人民法院应予支持。

因第三人的行为造成旅游者人身损害、财产损失，由第三人承担责任；旅游经营者、旅游辅助服务者未尽安全保障义务，旅游者请求其承担相应补充责任的，人民法院应予支持。

第十六条　因飞机、火车、班轮、城际客运班车等公共客运交通工具延误，导致合同不能按照约定履行，旅游者请求旅游经营者退还未实际发生的费用的，人民法院应予支持。合同另有约定的除外。

最高人民法院关于审理人身损害赔偿案件适用法律若干问题的解释（节录）

（2003年12月4日最高人民法院审判委员会第1299次会议通过　根据2020年12月23日最高人民法院审判委员会第1823次会议通过的《最高人民法院关于修改〈最高人民法院关于在民事审判工作中适用《中华人民共和国工会法》若干问题的解释〉等二十七件民事类司法解释的决定》修正　根据2022年2月15日最高人民法院审判委员会第1864次会议通过的《最高人民法院关于修改〈最高人民法院关于审理人身损害赔偿案件适用法律若干问题的解释〉的决定》修正）

第一条第一款　因生命、身体、健康遭受侵害，赔偿权利人起诉请求赔偿义务人赔偿物质损害和精神损害的，人民法院应予受理。

第六条　医疗费根据医疗机构出具的医药费、住院费等收款凭证，结合病历和诊断证明等相关证据确定。赔偿义务人对治疗的必要性和合理性有异议的，应当承担相应的举证责任。

医疗费的赔偿数额，按照一审法庭辩论终结前实际发生的数额确定。器官功能恢复训练所必要的康复费、适当的整容费以及其他后续治疗费，赔偿权利人可以待实际发生后另行起诉。但根据医疗证明或者鉴定结论确定必然发生的费用，可以与已经发生的医疗费一并予以赔偿。

第七条　误工费根据受害人的误工时间和收入状况确定。

误工时间根据受害人接受治疗的医疗机构出具的证明确定。受害人因伤致残持续误工的，误工时间可以计算至定残日前一天。

受害人有固定收入的，误工费按照实际减少的收入计算。受害人无固定收入的，按照其最近三年的平均收入计算；受害人不能举证证明其最近三年的平均收入状况的，可以参照受诉法院所在地相同或者相近行业上一年度职工的平均工资计算。

第八条　护理费根据护理人员的收入状况和护理人数、护理期限确定。

护理人员有收入的，参照误工费的规定计算；护理人员没有收入或者雇佣护工的，参照当地护工从事同等级别护理的劳务报酬标准计算。护理人员原则上为一人，但医疗机构或者鉴定机构有明确意见的，可以参照确定护理人员人数。

护理期限应计算至受害人恢复生活自理能力时止。受害人因残疾不能恢复生活自理能力的，可以根据其年龄、健康状况等因素确定合理的护理期限，但最长不超过二十年。

受害人定残后的护理，应当根据其护理依赖程度并结合配制残疾辅助器具的情况确定护理级别。

第九条 交通费根据受害人及其必要的陪护人员因就医或者转院治疗实际发生的费用计算。交通费应当以正式票据为凭；有关凭据应当与就医地点、时间、人数、次数相符合。

第十条 住院伙食补助费可以参照当地国家机关一般工作人员的出差伙食补助标准予以确定。

受害人确有必要到外地治疗，因客观原因不能住院，受害人本人及其陪护人员实际发生的住宿费和伙食费，其合理部分应予赔偿。

第十一条 营养费根据受害人伤残情况参照医疗机构的意见确定。

第十二条 残疾赔偿金根据受害人丧失劳动能力程度或者伤残等级，按照受诉法院所在地上一年度城镇居民人均可支配收入标准，自定残之日起按二十年计算。但六十周岁以上的，年龄每增加一岁减少一年；七十五周岁以上的，按五年计算。

受害人因伤致残但实际收入没有减少，或者伤残等级较轻但造成职业妨害严重影响其劳动就业的，可以对残疾赔偿金作相应调整。

第十三条 残疾辅助器具费按照普通适用器具的合理费用标准计算。伤情有特殊需要的，可以参照辅助器具配制机构的意见确定相应的合理费用标准。

辅助器具的更换周期和赔偿期限参照配制机构的意见确定。

第二十三条 精神损害抚慰金适用《最高人民法院关于确定民事侵权精神损害赔偿责任若干问题的解释》予以确定。

参考书目

1. 北京市高级人民法院编:《合同法新型疑难案例判解》,法律出版社2007年版。

2. 北京市高级人民法院法制宣传处编著:《旅游消费中的陷阱防范与纠纷处理》,中国民主法制出版社2003年版。

3. 蔡永民、李功国、贾登勋主编:《民法学》,人民法院出版社、中国社会科学出版社2006年版。

4. 韩世远著:《合同法总论》(第四版),法律出版社2018年版。

5. 林建军主编:《人身损害赔偿纠纷诉讼指引与实务解答》,法律出版社2014年版。

6. 刘玉民、于海侠编著:《合同类案裁判规则与法律适用》,人民法院出版社2011年版。

7. 施天涛著:《商法学》(第五版),法律出版社2018年版。

8. 宋才发、刘玉民主编:《大众维权600问(民事卷)》,中国发展出版社2006年版。

9. 宋才发、杨富斌主编:《旅游法教程》,知识产权出版社2006年版。

10. 隋彭生著:《合同法要义》(第五版),中国人民大学出版社2018年版。

11. 王利明、杨立新、王轶、程啸著:《民法学》(第三版),法律出版社2011年版。

12. 吴在存、刘玉民、马军编著:《民事审判技能》,中国民主法制出版社2013年版。

13. 周信、宋才发主编:《最新人身侵权疑难案例解析》,南海出版公司2006年版。

14. 最高人民法院民法典贯彻实施工作领导小组主编:《中华人民共和国民法典合同编理解与适用》,人民法院出版社2020年版。

15. 最高人民法院民法典贯彻实施工作领导小组主编:《中华人民共和国民法典总则编理解与适用》,人民法院出版社2020年版。